TRAITTEZ DE L'HARMONIE ET CONSTITVTION GENERALLE DV VRAY SEL,

secret des Philosophes, & de l'ESPRIT vniuersel du Monde, suiuant le troisiesme Principe du Cosmopolite.

OEVVRE NON MOINS CVRIEVX que profitable, traittant de la cognoissance de la vraye medecine Chimique.

Recueilly par le sieur de NVISEMENT, Receueur general du Comté de Ligny en Barrois.

A PARIS.

Chez IEREMIE PERIER ET ABDIAS BVISARD, tenant leur boutique à la Cour du Palais vers les Horlogers.

M. DC. XXI.

AVEC PRIVILEGE DV ROY.

EXTRAICT DV PRIuilege du Roy.

PAr grace & Priuilege du Roy il est permis à Ieremie Perier marchand Libraire en l'Vniuersité de Paris, de faire imprimer, védre & distribuer vn liure intitulé *Traittez de l'Harmonie & constitution generalle du vray Sel, secret des Philosophes, & de l'Esprit vniuersel du Monde, suiuant le troisiesme Principe du Cosmopolite: Composé par le sieur de Nuisement, Receueur general du Comté de Ligny en Barrois.* Auec deffences à tous Libraires, Imprimeurs & Relieurs, d'imprimer ou faire imprimer, vendre & distribuer autres que ceux que ledit Perier aura fait imprimer iusques au temps & terme de six ans finis & accomplis, à peine de huict cens liures d'amende, moitié appliquable au Roy, & l'autre moitié audit exposant: ainsi qu'il est plus amplement contenu és lettres de Priuilege donnees à Paris le sixiesme iour de Nouembre, mil six cens vingt: signees,

Par le Conseil,

BERGERON.

AV LECTEVR.

Sur la figure de l'Esprit general du monde.

Il est une partie en l'homme,
Dont le nom six lettres consomme:
Ausquelles vn p adioustant,
Puis s en m permutant;
Tu trouueras sans nuls ambages,
Le vray nom du subiect des sages.

TABLE DES CHAPITRES du premier Traicté de l'Esprit general du monde.

TABLE DV SECOND Traicté.

A TRES-HAVT, TRES-PVISSANT, ET tres-vertueux Prince,

MONSEIGNEVR LE DVC DE LORRAINE & de Bar, &c.

ONSEIGNEVR,
Encore que ce Phœnix des beaux esprits : (François Moseigneur, de la tres Illustre maison de Candale) se fust rédu autant admirable en la prattique des Arts mecaniques, où il excelloit les plus ingenieux

& renommez de son siecle, qu'en la profonde Theorie des plus rares sciẽces, qui semblent n'auoir esté garẽties de l'innondation vniuerselle, sinon pour le combler de gloire:& bien qu'il peust de son inuention propre fournir en l'vne & l'autre perfection les aages suyuans d'exemplaires en ses inimitables chef d'œuures:si ne creut il toutesfois sa peine plus vtillement employee qu'à donner par ses excellents commẽtaires vne nouuelle naissance au Pimãdre de Hermes, qu'vne si longue suitte de siecles auoit tenu enseuely, cõme trop laschement abandonné des vns à cause de son obscurité, & friuolemẽt negligé des autres, qui le iugeant par son entree l'estimoient vn songe fait à plaisir. Ceux là par impatience,& ceux cy par vn mespris inconsideré, se priuerent malheureusemẽt de l'vsuffruit de ce tresor inestimable: & nous rendoyent participants de leur dommage sans ce nouuel Hercule, qui passant l'Acheron & le Cocithe alla malgré Cerbere le retirer du noir fleuue d'oubly, dans lequel l'ignorance & l'enuie l'auoiēt precipité. Il nous le raporta dōc tout moitte & degouttant de ce long naufrage, & luy redonna tel lustre par l'esclat des pierres precieuses dont il l'a enrichy, que parmy la creation du monde on y voit clairement estinceler tant de brillans rayons des secrettes merueilles de Dieu & de Nature, que cette premiere obscurité ignorammēt aborree, & cet abhot legeremēt estimé fabuleux sont aujourd'huy admirez & cheris de tous: voire aduoüez des plus illuminez autant agreables & mysterieux que s'ils auoiēt esté produits par quelqu'vn des Prophettes: donnant subiect à beaucoup d'adiouster foy aux historiens qui tiennēt que Hermes sur le beaupere de Moyse nommé Getro, & que diuinement inspiré en toutes choses plus cachees, il luy apprit la caballe, & la Philosophie oculte à sa sœur Marie, ditte la prophetisse, de laquelle il nous reste comme vn tesmoing irreprochable certain fragment, que tous ceux qui ont escrit de la verité de cet Art, alleguét auec reuerẽce. Et semble que la plus part nous vueillent encore asseurer que ce fut luy qui, apres le deluge, entrãt en la vallee d'Ebron trouua les sept tables de mabre, esquelles auoient esté par les premiers sages insculpez les principes des sept arts liberaux, afin qu'ils ne perissent auec eux: & qu'en ayant seul vne parfaitte intelligẽce, il les enseigna au peuple, & leur donna cette clairté qui nous esclaire encore à present. Le songe de Scipion, celuy de Poliphile, & le Lisias de Platon, nonobstant ce tiltre ont autant apporté de loüange à ces autheurs que tous leurs anciens escrits : & n'ont esté moins estimez de l'inuention que de l'ouurage. Considerant que pour dignement traitter de si hautes matieres il est bien necessaire que l'ame se desrobant de sa prison aille librement visiter les regions supresmes, & conferer auec ses semblables: ce qu'elle ne pourroit faire ayant tousiours aux pieds l'importun contrepoids de cette masse terrestre, qu'elle secoue & quitte alors que le gracieux charme du sommeil aggrauant le corps luy laisse les portes ouuertes. Or ce fut ce puissant Atlette (Monseigneur) qui premier m'ouurit la forte barriere qui deffend l'entree de cette ample lice Philosophique, où tát de vaillans champions ont couru & debattu le prix proposé par le trois fois grand Mercure. Et qui m'obligea de suiure ses pas (quoy que lentement &

d'vne distãce infinie) par l'encouragemẽt & les preceptes qu'en faueur du Prince à qui i'auois l'hõneur d'estre, il daigna me dõner des ma ieunesse ; apres m'auoir par son humanité, nõ cõmune à ceux de son rãg, fait participãt de ce qu'il tenoit le plus cher ; me cõmuniquant des œuures sans parangõ, & des desseins qui ne sentoient rien de l'humain. Si de fortune il se remarque donc en ce bouquet, duquel i'estreine vostre Altesse, quelques fleurs de son parterre, il me doit estre pardõné ; puisque Platon mesme, à qui l'on donne le surnom de diuin, n'a point fait cõscience d'estaller comme siennes aux yeux de sa posterité les reliques sacrees qu'il auoit butinees dans le temple de Socratte. Et puis on doit aussi receuoir pour vne excuse legitime, que mon dessein est tellement concatené & dependant du sien, que si la mort eust eu des yeux & du iugement pour voir & considerer le tort qu'elle faisoit aux mortels de leur esteindre auant le temps vne si belle & vtille lumiere, ou que les vœuz & les clameurs des doctes curieux eussent peu fléchir l'impitié de cette sourde insatiable, & luy obtenir encore quelque peu de respit; il est indubitable qu'il eust d'vne mesme main enchassé dans le pur Or de sa miniere fecōde, la riche table d'esmeraude en laquelle ce vieil Philosophe Ægyptien, à l'imitatiō de ses sages deuāciers, graua le double mistère, ou le mistere vnique à double sens, que l'Hortulan & quelques autres ont entierement apliqué à l'effect de leurs transmutations metaliques: ainsi que ie me suis esuertué de l'attacher d'vn nœud indissoluble à son Pimandre; auec lequel il a tant de conformité & simpathie, qu'ils semblent auoir esté cōposez l'vn pour l'autre. Car ſi le premier traicte de la Creation de l'vniuers, le ſecõd depeint naïuement l'Eſprit vniuerſel qui donne vie & mouuement à tous les membres de ce grand corps. Eſprit general auquel ſont occultement encloſes les viues ſemences des trois genres : duquel toutes les choſes ſont produictes au mõde: par lequel elles croiſſent, perſiſtent, & ſe multiplient: & en qui elles ſe doiuẽt toutes reduire quãd elles auront attaint la borne que Nature leur a plantee. Tout ce que ie doy plus iuſtement apprehender, Monſeigneur, c'eſt le reproche que voſtre Alteſſe me peut faire d'employer ſi temerairemẽt ſa grandeur & ſon nom à la prote[illegible]n de mes labeurs, indignes de tant illuſtre Mœcene. Et que ie debuois au moins me contenter de les auoir audacieuſement prophanez vne fois en les placeant au front des vers que ie vous presentay il y a quelque temps; sans abuser encore vn coup de vostre auguste patience. Mais ie suis resolu de dire à quiconque m'en vueille blasmer, & feusse vostre Altesse mesme, que i'ayme trop mieux estre estimé insolent au desir que i'ay de m'acquiter aucunement de ce que ie doy à vostre genereuse largesse, que me priuer de la continuation de vos bien faits par vn lasche & honteux acte d'ingratitude. Oütre que c'est mon destin qui me porte naturellement: car le Ciel ne m'a fait naistre que pour mourir,

MONSEIGNEVR,

Vostre tres-humble, tres-obeissant,
& tres-obligé seruiteur,
DE NVISEMENT.

PREFACE.

IE ne doute point que ce liure arriuant en public ne soit rejetté de plusieurs, & receu de peu: car les esprits humains estant communément offusquez du brouillas d'ignorance, & la multitude des aueugles surmontant beaucoup le nombre des clairuoyans, les plus rares sciences ont de tout temps esté les moins connues & les plus mesprisees; soit par la negligence, ou par l'auidité du gain, preferant l'vtile à l'honneste. De sorte que telles gens croyant estre nez pour auoir, non pour sçauoir, s'adonnent entierement à la suitte du lucre; & different fort peu des animaux qui n'ont soin que de la pasture. Mais s'ils rentroient quelquefois en eux mesme, illuminez de ce rayõ diuin de cognoissance, ils trouueroiét que l'aliment leur est donné pour soutien de la vie; & la vie pour s'employer à l'inquisition de verité: pour le respect de laquelle ils sont doüez de la ratiocination. Preuoyant donc que la mesme cause qui les abastardit, & fait degenerer du glorieux destin de leur naissance, pourroit produire vn mespris de ce mien labeur, pour y voir estinceler quelque rayõ de l'Art Chimique, (encor que ce ne soit mon but) mais parce que i'ose entreprendre de deschifrer ce que le troisfois grand Hermes a si couuertement enseigné dans sa table, que plusieurs excellents esprits s'y sont trouuez confus, i'ay bien voulu par ce Preface admonester les curieux qu'ils ne cherchent icy la toison d'Or, ou les pommes des Hesperides; Mais seulement vne naïue description des premiers principes de Nature, dans le riche sein de laquelle reposent tous les tresors du monde. Tresors vrayment inestimables, & deuanceant d'vne distance extresme tout ce que le vulgaire admire & idolastre le plus. Que s'il auient qu'aucuns quittent ce liure & s'en desgouster, pour abhorrer les choses Chimiques; Ny luy ny moy n'en pourrons meriter le blasme, puis que les apetits sont differents; Et que leurs palais empastez de la lie d'vne erreur populaire les empesche de sauourer ces viandes exquises: lesquelles au cõtraire sont les delices plus cheres des beaux entendements; qui cõfesseront volontiers que l'homme ne merite absolument le tiltre de Sçauant, s'il n'est Chimiste: parce que les principes naturels, ny la vraye matiere vniuerselle, ne seront iamais aperceuz que par l'experience de l'Art Chimique: ainsi que ce pere des Philosophes l'a clairement declaré; lors qu'ayant monstré par qui, comment, & dequoy est fait le premier subiet des choses, (c'est à dire, cet Esprit general du Monde,) par quels moyens il se corporifie & specifie en diuerses formes & genres: & commẽt de luy tout ce qui est bas & haut, se produit, parfait, maintient, & augmente; il ouure encore le chemin aux sages d'entrer par vne profonde cõsideration des effects secrets de nature à la recherche & inuention des moyens par lesquels, à l'ayde du feu, ils puissent paruenir à la parfaitte modificatiõ de cet esprit infus en tous les corps; pour en tirer vne essence tres-pure, capable de produire des effects incroyables; & autant infinis en merueilles qu'en nombre. Ce que ie ne dy point icy pour tascher d'emmouuoir les hommes à cherir mon opinion, bien qu'ils ne la doiuẽt temerairement rejetter, sans voir si ie parle auec raisons probables, appuyees d'authoritez antiques. C'est donc à ceux qui separez du vulgaire ont quelque sentimẽt de la vraye Philosophie, que ie remets le iugemẽt de ce labeur, & à qui i'en voüe ce fruict, s'ils y en peuuent recueillir.

TRAICTEZ DV VRAY SEL SECRET DES PHILOSOPHES, ET DE l'Esprit vniuersel du Monde.

Que le Monde est vif, & plein de vie.

CHAPITRE I.

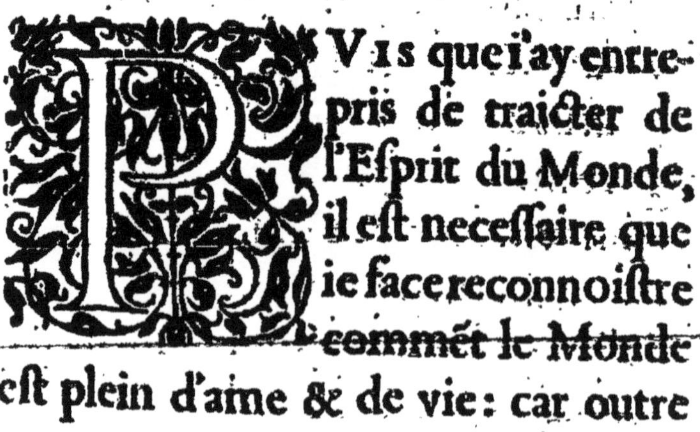

PVis que i'ay entrepris de traicter de l'Esprit du Monde, il est necessaire que ie face reconnoistre commét le Monde est plein d'ame & de vie : car outre que la Nature ne spiritualize rien que elle ne le viuifie: & que le monde consiste en continuelles & indeficientes alterations des formes, qui ne se peuuent faire sans vital mouuement; si est ce que nous voyõs encore cette mesme Nature, ainsi que Mere tresfeconde & soigneuse, embrasser & nourrir ce monde; departant à chacun de ses membres suffisante portion de vie. De sorte qu'il n'y a rien en tout l'Vniuers qu'elle ne tasche de rendre animant; pource qu'elle ne peut estre oisiue, ains demeure tousiours tenduë & ententiue à son action, qui est de viuifier. Or ce grand corps est agité & pourueu d'vn mouuemẽt sans repos: & ce mouuemẽt ne se peut faire sans esprit vital: car ce qui est sans vie est necessairement immobile; non pas de lieu en autre, par mouuement violent & forcé; mais de priuation à la forme; ou pour dire plus clairement, d'imperfection à perfection. La vegetation aux plātes, & la concreation aux pierres, s'auancent auec mouuement, qui se fait par l'infusion de cette ame agitant cette grāde masse, par le moyen de certain Esprit radical & nourrissant: la source & Miniere duquel est assise au cētre de la terre, grande ayeule de toutes choses; afin que de là prouiennent & s'estendent par tout le corps (comme du cœur) toutes les functions vitales. Or cette racine & miniere est enclose dans l'antique sein du vieil Demogorgon, progeniteur vniuersel, que les anciens Poëtes, tresdiligents inquisiteurs des secrets naturels, ont ingenieusement dépeint reuestu d'vne chappe verde, enueloppee d'vne rouille ferrugineuse, couuerte d'obscures tenebres, & nourrissant toutes sortes d'animaux: dans le ventre duquel les vertus des globes celestes incessamment decoulent, penetrant les flancs de la terre, qu'elles engrossissent de toutes sortes d'especes omniformes. Là où pareillemét les qualitez & forces elemétaires viennent seruir ce vieil Pere, comme producteur & specifieur de toutes choses perpetuellemét embesongné à la dispensation des formes specifiques par le moyen de son Iliaste,* & à l'excitation de la chaleur vitale, par son Archee*. Lesquels Iliaste & Archee sont cóme les deux outils de la formation, conseruation, & augmentation des choses.

**Iliaste est le pouruoieur qui fournit les matieres pour les generations.*

** Archee est le feu ou chaleur naturelle qui digere & agit sus lesdites matieres.*

Ce Demogorgon est celuy auec lequel la meditation & pésee de Dieu a produit tout ce qui est creé dans les cieux & dessous les cieux: de sorte que par admirable adaptation inconnuë au vulgaire des Philosophes, & referee par eux aux causes occultes, contenãt en soy son Iliaste, & son Archee, il forme & engendre tout ; puis nourrit & conserue ce qu'il engendre : faisant par tout l'office d'œconome & dispensateur ; establissant le magazin de ses munitiós au milieu des entrailles de la terre, d'où il tire & depart vie & vigueur à tout ce qu'il produit, du centre en la circonference.

La terre donc, comme receptacle des influences & vertus superieures, a dedans soy la fontaine de cette ame vitale, du surgeon de laquelle decoule aux animaux, Mineraux & vegetaux le benefice de la vie, qui leur depart sentimét, essence, & vegetation, selon qu'elle trouue la matiere obeyssante, & disposee à mouuement. De là vient que les animaux cõposez d'vne masse plus ductible & facile à mouuoir, sentent, & vegetent ; & pour cette cause engendrent aysément leurs semblables, comme pourueuz de vie sensitiue & vegetatiue. Mais les plantes, & toutes choses germinantes, de qui l'Esprit n'est point arresté par l'assemblement d'vne matiere du tout crasse & dure, croissent & s'augmentent, pourueus de la seule vie vegetatiue: & vont engendrãt leurs semblables par semẽce ou traduction : Mais non en la façon des animaux. Les Mineraux n'ont point la faculté sensitiue ny vegetatiue, & viuent seulement d'vne vie essencielle ; d'autant que leur composition est plus dure que celle des animaux, & vegetaux ; & leur matiere plus crasse & grossiere, qui gesne & reserre par trop cet esprit qui les viuifie, & par ce moyen sont empeschez de pouuoir produire leur semblable, si premierement repurgez de leur grossiere impurité, ils ne sont resoults en la subtilité de leur premiere matiere. Voyons ce qu'en dit Augurel, excellent Philosophe & Poëte Latin,

Mais vn chacun croira finablement
Que les Metaux viuent secrettement,
Et que de vie ils ont la force & lien
Diuinement, comme d'vn don de Dieu.
Et ce qui fait que ces Metaux valables,
Ne semblẽt pas engendrer leurs sẽblables
Encore moins estre si vertueux
De conuertir autres choses en eux:
C'est que l'Esprit qui donne vie entiere
Est empesché de trop lourde matiere:
Et n'a pouuoir de montrer la vertu
Dont richement Nature l'a vestu,
Si l'industrie humaine & vertu viue
Ne luy fait place, à celle fin qu'il viue:
Et si l'ouurier à l'extraire ne tasche
De la matiere espaisse qui le cache.

Alors donc n'estãs plus mineraux impurs & grossiers, ils engendreront par la forme specifique en eux introduire, non pas leurs ſemblables, mais en leurs ſemblables vne alteration & perfection telle qu'on l'attribuë à ce tant cherché Elixir: que les ſages admirent pour ſes diuines vertus, & que les fols meſpriſent, pour ne pouuoir de leurs yeux facinez penetrer au cẽtre de ſes merueilles. Si donc les animaux, Mineraux, & vegetaux, qui tiennent la pluſpart de ce monde viſible, ſont remplis de vie, quelle apparence y auroit il de croire que le tout feuſt plus pauure que ſes parties? Ce que l'on cõnoiſtra encore plus veritable aux choſes du mõde ſurlunaire; car les globes celeſtes influant la vie aux corps inferieurs, il eſt bien neceſſaire qu'ils l'ayẽt premierement receuë de cette ame vniuerſelle, puis qu'on ne peut donner ce qu'on n'a point. Entendez Augurel.

Voire l'on dit que l'air, & terre & cieux

Et de la mer le grand tour spacieux
Sont excitez interieurement
D'une ame viue, & generalement
Que par cette ame a vie toute chose
Que nous voyons dessous le ciel enclose,
Et qui plus est, que par une ame telle
Le monde vit, & sa vigueur tient d'elle.

Or le mouuement (i'entens naturel) est tousiours accõpagné de vie: comment donc produira en autruy & vie & mouuemẽt, celuy qui n'a ny mouuement ny vie en soy? Le mouuemẽt n'abandonne iamais ce que la vie n'a point encore abandonné: & ce qui est tousiours agité & mouuant ne peut estre estimé sans vie. L'ame de l'vniuers se mouuãt de soymesme, & source & origine de tout corporel mouuement, estant ordinaire compagne du corps, qui fait que la tressubtile partie de cette ame du monde cherchant le haut, & habitant en haut, d'vn rouër continuel tourne auec les globes celestes, qu'elle cõduit d'vn mouuement propre & sans fin orbiculairement : & pour cette cause toutes choses superieures sont plus vitales, parfaites, & participantes de l'immortalité, que les autres inferieures : parce que ce qui est pourueu d'vne vie non defaillante, doit necessairement estre agité d'vn mouuement retournant à soy mesme. Et par ainsi, que ce qui est meu sans fin est consequément doüé de vie perpetuelle & indeterminable. Il paroist donc par ces raisons que le monde vniuersel est vniuersellement remply de vie. Tellement que la vie de chacune espece indiuidue n'est sinon vne vie participãte de cette generalle vie du monde; qui seule peut veritablemẽt estre dite animale. Aux elemens corporels duquel sont encloses les occultes semẽces de toutes les choſes viſibles & corporelles. Car nous voyons naiſtre pluſieurs corps ſans expreſſes ſemences precedentes ; cõme les plantes, & ſans coniõction de maſle & de femelle ; Comme certains animaux engendrez de corruption.

Les ſemences des plantes ſont viſibles iuſques au grain: & celles des animaux iuſques à la geniture. Les Metaux ont pareillement leur ſemence ; mais elle ne peut eſtre veuë ſinon des vrais Philoſophes qui la ſçauent extraire de ſon lieu propre auec grand Art : & la peut on beaucoup pluſtoſt coniecturer par raiſon, qu'aperceuoir des yeux corporels. Que ſi dans les elemens n'eſtoit occultement contenue certaine vertu ſecrette produiſante, en laquelle giſt en puiſſance vne faculté d'engendrer; pluſieurs herbes ne ſortiroient pas de terre, ny meſme des murailles plus eſleuees, que iamais n'y ont eſté ſemees ou plantees, & dont auparauant on n'auoit cognoissance. Et tant d'animaux diuers ne seroiēt engendrez en la terre, & en l'eau, sans precedēte copulation des sexes, qui toutefois croissent; & puis par commixtion de masle & de femelle produisent leurs semblables à la perpetuité de leurs especes; encor qu'ils ne soient engendrez par semblable assemblement de parens. Cela s'espreuue assez par la generatiõ des anguilles, produittes du limon : & des mouches, ou bestions qu'on voit naistre des excremens des autres animaux.

De quelle vie dira l'on que viuent les huistres, les esponges, & plusieurs choses aquatiques, lesquelles meritent mieux le nom de plantanimaux, que celuy de poissons?

Or tous ces corps ne viuent point tant de vie qui leur soit proprement particuliere, que de celle de l'vniuers, qui est generalle & commune: Laquelle aparoist beaucoup plus vigoureuse sur la terre aux corps plus subtils, comme estans plus prochains de l'ame vniuerselle du monde ; qu'en ceux qui sont plus grossiers, ou plus esloingnez d'elle.

Le Monde donc ayant esté creé bon par celuy qui est la bonté mesme, est non seulement corporel, mais encore participant d'intelligence ; (car il est plein d'idees omniformes) & comme i'ay desia dit, il n'a membre ny partie qui ne soit vitale. Pour cette cause les sages l'ont dit estre animal ; par tout masle & femelle ; & se conjoindre par mutuelle amour & conjonction à ses membres ; tant il est conuoiteux & auide du mariage & liayson de ses parties. De là, par vne translation, viẽt la diuersité des sexes aux plantes, &

aux animaux, qui s'acouplant ensemble, à l'exemple du monde, engendrẽt leurs semblables; non autremẽt que le mõde mesme qui de soy produit vne infinité d'autres petits mondes. Car autant qu'au monde il s'engendre de corps, autant sont ce de microcosmes: veu qu'il n'y a corps, ou les parties, vertus, & qualitez de petits mondes ne soient distinctement remarquees. De sorte qu'vn semblable produit volontiers son semblable, par adaptation d'action & de passion: ce qui ne se sçauroit veritablement faire sans estre plein de vie. Car quelle generation pourroit proceder d'vn subiect que l'on tiendroit pour mort? n'estant probable ny possible que ce qui n'a point de vie la puisse donner à quelqu'autre. Nous voyons bien aucunes fois que sans acouplement de masle & de femelle, voire sans l'vn ny l'autre, plusieurs choses sont engendrees, ausquelles par naturelle fomentation est inspiree la vie, de la vie de l'vniuers: comme quelques vns artificiellemẽt font esclorre des poulets, sans que la poulle en ait couué les œufs. Et d'autres preparent certaines matieres, & les font putrifier, desquelles s'engendrent des animaux estranges, comme le Basilic d'vn œuf de Coc, ou des mẽstrues d'vne femme rousse: le Scorpion, de l'herbe ditte Basilic: des entrailles d'vn bœuf la mouche à miel: des branches ou feuilles de certain arbre tombant en la mer, vne espece d'oiseaux semblables à des canes: & tant d'autres choses à nous & à nostre monde incongneuës, plus dignes de admiration que de creãce, pour estre hors du train commun de la nature, attirant la vie de cette vie vniuerselle à certaines matieres, en certain temps

& certain lieu: tant le monde eſt plein de viuacité preignante, & touſiours en action vitale. De ſorte que rien ne meurt en luy, mais pluſtoſt que de demeurer ſans agir, & par cõſequent ſans vie, il refait inceſſamment d'vne choſe l'autre: & n'y a corps qui s'aneãtiſſe ou periſſe totalemẽt. Car s'il eſtoit ainſi, toutes les parties du monde l'vne apres l'autre, & peu à peu, s'eſuanoüyroiẽt de nos yeux, voire meſme depuis tant de ſiecles, & tant de mutations, ie ne ſçay s'il y en auroit aujourd'huy quelque reſte. A ce propos certain Poëte, non ignorant en cette ſecrette philoſophie, parlant aux yeux de ſa maiſtreſſe, leur dit,

Voſtre aſpect inégal qui ma fortune change,
Eſt comme le Soleil, cõtraire en ſes effects,
Qui amollit la cire, & endurcit la fange,
Et fait des corps nouueaux de ceux qu'il a défaicts.

Que

Que le Monde puis qu'il vit, a Esprit, Ame, & Corps.

CHAPITRE II.

LE corps du monde est familiairemét cognu pàr les sens, mais en luy gist vn esprit caché, & en cet esprit vne ame, qui ne peut estre accouplee au corps que par le moyé d'iceluy, car le corps est grossier, & l'ame tres-subtile ; esloignee des qualitez corporelles, d'vne longue distance. Il est donc besoin à cet accouplement, d'vn tiers qui soit participant de la Nature des deux, & qui soit esprit corps, parce que les extremitez ne peuuent estre assemblees que par la liaison de quelque mediateur, ayant telle afinité à l'vne & à l'autre, que chacune y puisse rencontrer ſa propre nature. Le Ciel eſt haut, la Terre eſt baſſe : l'vn eſt pur, l'autre eſt corrompu. Comment donc pourroit on eſleuer & ioindre cette lourde corruption à cette agile pureté, ſans vn moyen participant des deux? Dieu eſt infiniment pur & net: les hommes ſont extremement impurs & ſouillez de pechez : La reconciliation & r'approchement deſquels auec Dieu ne pouuoit iamais arriuer ſans l'entremiſe de Ieſus-Chriſt, qui vrayemẽt Dieu & homme en a eſté le vray aymant. De-meſme, en la machine de l'vniuers cet eſprit corps, ou corps ſpirituel, eſt comme agent commun, ou ciment de la conionction de l'ame auec le corps. Laquelle ame eſt en l'eſprit & corps du monde vn apaſt & allechement de l'intelligence diuine: car cette intelligence y eſt aſſez clairement apperceuë par eſleuations effectiues, renouations, mutations, variations, & multiplicatiõs de formes, qui ne peuuent proceder que de l'intelligence diuine, & non de la matiere, qui de soy est brutte, & ne peut causer aucune nature intelligente, pour former & specifier les choses. Le monde est dõc nourry par cet esprit, & agité par l'ame infuse en luy au moyen de cet esprit mesme. Ce que Virgile, suiuant la doctrine de Platon, a naïuement depeint en ces vers.

Le ciel semé de feus, la terre, & mer flotante,
Les Astres rutilans, & la Lune luysante,
Par vn interne esprit sont tous alimẽtez,
Et la viuacité d'vne ame en tous costez
Par les membres infuse esmeut toute la masse,

Et se mesle au grand corps qui tous les
deux embrasse.

Augurel à son imitation.

Puisque c'est donc chose bien asseuree
Qu'au corps du monde est l'ame in-
corporee:
Croire il conuient qu'au milieu de ces
deux
Gist vn esprit puissant & vigoureux,
Qui ne se doit ny corps ny ame dire;
Mais qui des deux participe, & re-
duire
Seul peut en vn ces deux extremitez.
Par ses effects en tout bien limitez.

Que tout ce qui a essence & vie, est fait par l'Esprit du monde: Et de la premiere matiere.

CHAPITRE III.

LEs choses sont nourries de ce dont elles sont faites. Il se voit que tout respire, vit, croist, & se nourrit par cet esprit infus au monde: & se dissout & meurt iceluy defaillant. Il s'ensuit donc que tout est fait de luy, qui n'est autre chose qu'vne simple essence subtile, que les philosophes nomment quinte, parce qu'elle peut estre separée des corps comme d'vne matiere crasse & grossiere, & de la superfluité des quatre elemens: & lors elle a des operations merueilleuses. Or elle est infuse par toutes les parties du monde, & par elle la vertu de l'ame se dilatte & deuient vigoureuse: Laquelle vertu est principalement versée & donnée aux corps qui ont plus attiré & participé de cet Esprit, estant enuoyée & decoulée d'enhaut, c'est à sçauoir du Soleil, qui veritablement produit la qualité de la matiere en essence: Tellement que cet esprit eschauffé par l'action du Soleil, acquiert grande abondance de vie, multipliant & viuifiant les semences de toutes choses, qui croissent & augmentent iusques à la magnitude determinée, selon l'espece & forme de la chose. Pour cette cause Virgile a veritablement dit

Que vigueur ignee & celeste origine
Est en chaque semence, & en elle domine.

Cet esprit donc (par les philosophes est appellé Mercure) à cause qu'il est multiforme, voire omniforme, faisant la production de tous les corps, eslargit vne vie aux vns plus nette & incorruptible, & aux autres plus embrouillee, & subiette à corruption & defaillance; selon la predisposition de la matiere. Par ainsi cette vigueur de feu qui prouient des rayons solaires n'est pas toute vne en tout & par tout, mais est diuersifiee selon le plus ou le moins qui est aux semences des choses. Toutes matieres donc de plus nette & pure predisposition ont l'esprit & la vie plus durable & incorruptible: car toute chose se delectant volontiers en son semblable, il est bien seant que cette chaleur celeste qui est tres-pure, entre & penetre dans les corps autant & plus profondement qu'ils sont plus purs, & les rende plus durables, vitaux, & incorruptibles.

La preuue de cela se mõstre en l'or, qui estant le plus net & depuré de tous les corps terrestres, participe le plus de cette chaleur & feu celestiel, qui perçant la terre trouue aux minieres les matieres de l'or predisposees, à sçauoir son Mercure, & son souffre, (qu'Esdras appelle poudre) preparees selon le pouuoir de l'action & diligence de nature, par depuration & separation de toutes ordures & feculences terrestres pleines d'adustion. Lesquelles matieres sont au cõmencement vn sperme ou vne eau meslee auec cette poudre ou souffre tres-pur, qui peu à peu aydez d'vne propre vertu coagulante s'espoissit & endurcit par la longue action d'vne chaleur continuee. Tant qu'elle est à la fin conduitte à sa perfection, qui est simple en nature, & teincte d'vne couleur ignee: car veritablement la chaleur est mere des teintures. S'il est dõc tenu pour certain que cette chaleur vient du Soleil, qui sera celuy tant ennemy de verité & de raison qui veuille debattre que le Soleil ne soit auteur & pere de perfection? esleuons nous donc vn peu plus haut, & recherchons exactement comment cela se peut faire.

Comme le Soleil est dit par Hermes pere de l'Esprit du monde, & de la Matiere.

CHAPITRE IIII.

MAis (me dira quelqu'vn) puisque toutes choses procedent d'vne mesme matiere, commēt se peut il faire que le Soleil soit pere de la matiere, veu que d'icelle il a esté creé luy mesme? Pour respondre à cette question il faut entendre que si on regarde cette primeraine & preiacente matiere de toutes choses on la trouuera inuisible, & qui ne peut estre comprise que par profonde & viue imagination: du Soleil & vital feu de laquelle, en elle naturellement inné, le Soleil celeste sortit & s'esleua plein de lumiere & de pareille vigueur ignee, qui desployant par apres cette chaleur interne & essentielle, accompagnee de cette chaleur naturelle, espart les rayons de son feu par toute la rondeur du monde: illuminant en haut les astres, & viuifiant toutes choses en bas.

Or pource que la terre est comme la matrice commune de toutes choses, le Soleil agit principalement en elle comme au receptacle de toutes influences: au sein de laquelle sont cachees les semences de toutes choses, qui agitees & menees par la chaleur des rayons solaires sortent en lumiere. C'est pourquoy nous voyons en

Hiuer. Lors que le Soleil s'est esloigné de nous, que la terre morfondue par la priuation des rayons perpendiculaires d'iceluy, & par ce moyen dépoureueuë de chaleur suffisante, demeure sterile : mais quand au renouueau le Soleil remonte sur nous par sa voye ordinaire, alors elle reprend vie & vigueur comme ressuscitée. De ce changement est seule cause cet esprit de l'vniuers, tres plein d'ame & de vie, habitant principalement en la terre. Lequel auant que pouuoir engendrer doit necessairemẽt habiter & demeurer en quelque corps, assauoir en la terre, qui est cõme le corps de tous les corps. Et parce que toutes choses sont alimentees & nourries de ce dont elles sont faites, cet esprit est tres-aymé du Soleil, & pour cette cause les sages anciens n'ont pas dit sans raison que le Soleil vient au Printẽps réchauffer &

rauiuer son pere agraué de vieillesse, & languissant demy mort, par les froidures de l'Hiuer.

Puis donc qu'il est renforcé & reuiuifié par le Soleil, ce n'est pas sans subiect que nous disons auec Hermes que le Soleil est son pere: sans lequel autrement il seroit ingenerable, & ne pourroit croistre ny multiplier, & ce d'autant plus que la chaleur influante des astres prouient du Soleil & empreint la terre, qui ayant conceu, engendre, estend, & multiplie cette matiere spiritueuse; l'amenant d'incorporeité à corporeité.

L'Hortulan qui a commenté la table d'Hermes delaissant les radicaux principes de la nature, & descendant aux particuliers principes de l'Alchimie, entend par le Soleil, l'or philosophal, lequel il dit estre pere de la pierre: ce qui est vray. Car les illuminez en ces art sçauent par experience, & l'ont appris de tous les bons auteurs (desquels le nombre est infiny) qu'en la vraye matiere & subiect de la pierre sont en puissance or & argent, & vif argent en nature. Lesquels or & argét sont meilleurs que ceux que l'on voit & touche vulgairement, pource qu'ils sont vifs, & peuuent vegeter & croistre, & les vulgaires sont morts. Et s'il n'estoit ainsi, la matiere ne paruiédroit iamais à la perfection extresme que l'art luy donne. Laquelle perfection est si grãde qu'elle parfaict les imparfaicts metaux quasi miraculeusement, comme dit Hermes. Et toutesfois cet or & cet argent inuisibles qui par le magistere sont exaltez en si haut degré, ne sçauroient communiquer cette perfectió aux imparfaits, sans le ministere de l'or & de l'argét vulgaires. C'est pourquoy les Maistres les y ioignent à la fermentation: par ainsi l'or est tousiours pere de l'Elixir. Mais il faut que ceuxqui auront desir de se confitmer en cette verité s'employent à lire les bons liures: car ce n'est pas mon desſein d'en parler icy dauantage: parce que ie pretés faire cognoistre seulement que le diuin Hermes a d'vn mesme doigt voulu toucher l'vne & l'autre corde; ainsi qu'il le declare aſſez quand il dit qu'il est appellé Mercure trois fois grand, comme ayant les trois parts de la sapience de tout le monde: voulant dire qu'ayant anatomisé cet esprit general, qui est auteur materiel & principe des trois genres, qui font le tout de ce grand monde, il auoit la sapience & science vniuerselle, par laquelle rien ne luy estoit plus incogneu. Apres auoir aussi dit dés le commencement; & comme toutes choses procederent d'vn par la meditation d'vn, ainsi toutes choses sont nees de cette chose vnique par adaptation. Or cet vn dont procederent toutes les choses, est l'Esprit general duquel ie veux traitter: Et cette chose vnique de laquelle il dit que seront perpetrez les miracles, est la vraye matiere mineralle de la pierre, de laquelle i'ay parlé cy dessus: qui est procreée par Nature dans la terre de ceste premiere matiere generalle: ou esprit vniuersel: lequel esprit contenant en soy toutes les vertus celestes en puissance, en a communiqué à cette matiere mineralle autãt qu'il estoit necessaire pour luy donner l'estre parfait auquel elle estoit destinee. Reprenant donc mes premieres erres, & m'esloignant des sentiers Chimiques autant que le suject me le voudra permettre, ie diray que cet esprit general est la pierre, & l'Elixir, que la nature a composé, & dont elle perpetre tous ses miracles, beaucoup plus dignes d'admiration que ceux de la pierre Chimique; à laquelle il est seulement essargy par cet esprit mesme, d'agir en son semblable; pour y introduire ce qui luy defailloit: Car estant vrayement metallique, purifiee & accomplie par art, elle purifie & accomplit les metaux impurs qui sont demeurez imparfaits, par faute de digestion. Mais cette pierre phisique reproduit perennellement les choses qui d'elles ont desia eu commencement, & à chacun moment en cree de nouuelles, tant au gére animal, qu'au vegetal, & mineral. Ce qu'elle ne pourroit faire sans l'ayde & faueur des corps celestes, & specialement du Soleil, source & principe de toutes vertus & generations. Elle a donc le Soleil pour pere, & contient or & argent spirituels, puis qu'elle est premiere matiere de la premiere matiere de l'or & de l'argẽt corporels, & parce que l'air est le moyen par lequel elle reçoit les vertus superieures, Hermes dit que le vent l'a portee en son ventre : à raison dequoy Raymõd Lulle l'appelle Mercure Æriẽ. La terre premiere parente le nourrit en son sein fecond : ce qui est prouué par la production de tout ce qui sort de la terre : car si cet esprit n'y estoit enclos elle n'auroit force ny pouuoir d'engendrer & produire, n'estant proprement que le vaisseau ou matrice de tant de generations, & productions diuerses. Cette matiere generale, à qui est donné le nom de Mercure, estant par le dire des sages inuisible & presque incorporelle, ne peut estre corporifiee ny mise en veuë sinon par subtil artifice.

Que si elle est extraitte du sein de sa mere nourrisse, puis repurgee de toutes superfluitez accidentelles, & preparee selon l'art; Qui l'empeschera de separer des corps, ausquels elle sera administree, les choses corrompantes qui luy sont dissemblables: & de conseruer & multiplier ce qui luy est conforme? veu que toutes les forces celestes & vertus mondaines y concurrent ensemble.

Il est certain que les auteurs mal interpretez semblent tous commander ou conseiller que l'on vse des metaux seuls pour faire les metaux : disant qu'en l'or seul sont les semences de l'or. Sentence, voire Arrest sans apel. Mais outre ce que i'ay desia dit n'aguiere de la difference des metaux vulgaires, & de ceux qu'ils entendent que l'on prenne pour leur magistere; encore prẽdrai-je l'audace d'affirmer que sãs cet Esprit general qui est la seule cause de vegetation en toutes choses, cette faculté d'aurifier ou d'argentifier qui est en ces corps metalliques tant vulgaires que secrets & occultes, ne pourroit vegeter ny venir de puissance en effect; d'autant que la nature ne se produict point soy mesme; & qu'en toute operation il faut vn agent & vne matiere capable de son action; & c'est ce feu dont parle Pontanus, que les sages ont tous caché comme la seule clef de leurs secrets, sans lequel il a failly deux cent foys (dit il) en l'operation sur la vraye matiere. Ce Mercure triple ou supréme vniuersel, est donc la premiere semence de tous les metaux, ainsi que des deux autres genres: laquelle se coagule & endurcit peu à peu par l'action de la chaleur continuee qui est dedans les mines, & reçoit la teinture estant parfaitement purifiee. Mais il se specifie en diuers genres, & prend diuerses formes & couleurs, selon le lieu & la matiere adiacente: faisant metaux, mineraux, & pierres au dedans de la terre; & toutes sortes d'arbres & de plantes en la superficie ; selon qu'il est animé par les rayons du Soleil ; sans lesquels il resteroit ingenerable : car des le commencement Nature a estably cette Loy que le Soleil eschauffast & nourrist perpetuellement la matiere; afin que sa vertu triplement animale, vegetale, & minerale, feust incessamment tournee & portee à l'effect : & c'est pourquoy Hermes escrit que le Soleil est son pere.

Comment la Lune est mere de l'Esprit du monde & de la matiere vniuerselle.

CHAPITRE V.

POur empescher que l'on ne se deçoyue icy, il fault considerer que comme nous auons corps, esprit, & ame; aussi a ce grand vniuers. Desquelles trois parties ne se trouuant aucune chose qui en soit despourueue, c'est vne consequence necessaire qu'elles sont tousiours associees ensemble; de sorte que l'vne n'est iamais sans l'autre, que si quelquefois il semble que les deux en soiét separees, elles sont toutes-fois cachees en la tierce qui reste; comme le subtil & profond artiste sçaura bien cognoistre, & voir en chacun corps par l'examen du feu. Ce qui donc est matiere est aussi esprit : & ce qui est esprit peut sans impertinence estre appellé corps, eu esgard à ce qu'ils sont indiuisibles & engendrez par la loy de Nature pour n'estre qu'vne seule & mesme chose: parquoy la matiere n'est point seulemẽt corps, ame ou esprit, mais elle est tous les trois ensemble, l'vn auec l'autre engédrez & nourris, tellement qu'à la propagation & action de l'vn, les deux autres se trouuent.

Quand donc nous disons que la Lune est mere de l'esprit & matiere vniuerselle, nous ne parlons pas sans raison apparente; & n'y a rien d'absurde : Mais il nous fault faire voir d'où vient cette maternité. Chaleur & humeur sont les deux clefs de toute generation : la chaleur faisant l'office de masle, & l'humeur celuy de femelle:

Par l'action du chault sur l'humide se fait premierement la corruption; qui est suiuie par la generation. Cecy apparoist au petit vaisseau d'vn œuf; dedans lequel le sperme se putrifie par la chaleur de fomentation; puis apres le poulet se coagule & forme, le mesme arriue en la generation de l'homme, qui est amené à vn corps accomply de toutes ses parties, par l'assemblement de deux spermes, l'vn masculin & l'autre feminin, dedans la matrice, à l'aide de la chaleur naturelle de la femme.

I'appelle icy corruption le changement & passage de forme en forme, qui ne peult arriuer sans le moyen de putrefaction, qui est le vray chemin de generation; laquelle est procuree & auancee par certain Mercure ou argent vif, comme porteur & conducteur special de la vertu vegetatiue.

Les ſemences de tous les corps ſont aquees, comme pleines de l'humeur de leur Mercure. Que ſi leur chaleur innee eſt tiree de puiſsãce en acte par la chaleur externe du Soleil, alors par decoction ſe fait la generation. Ce qui a fait dire aux philoſophes anciens que le Soleil & l'homme engendrent, aſſauoir le Soleil, le Soleil terreſtre, qui eſt l'or : & l'homme, l'homme, c'eſt vne choſe manifeſte que le feu elementaire eſt comme mort & ingenerable ſans le feu ſolaire: qui fait que le Soleil eſt couſtumierement appellé ſeigneur de vie & generation. La chaleur donc en toute generation des choſes vient du Soleil; mais l'humidité que l'on appelle radicale eſt fomentee par l'influence Lunaire, que toutes choſes reçoiuent & ſentent, eſtant alterees & changees par les mouuemens de cet aſtre, en ſon croissant ou decours. Voyla pourquoy Hermes a dit que la Lune est mere de la matiere vniuerselle, & le Soleil son pere: car la chaleur du Soleil & l'humidité de la Lune engendrent toutes choses, parce que la chaleur & l'humeur ayant pris temperie conçoiuēt, & de cette conception tout naist & reçoit vie. Et combien que le feu & l'eau soient contraires, toutes-fois l'vn ne pourroit profiter sans l'autre, mais par leur diuerse action tout est conceu & conçoit.

Ainsi dans l'vniuers discordante concorde
Aux generations deuient apte & s'accorde.

Ie ne veux toutesfois donner cet auantage à ceux qui lisant ce chapitre pourroient faire par precipitation vn mauuais iugemēt de moy, sur ce que ie destracque l'intention principalle de Hermes du grand chemin Phisique pour la ietter au sentier que ie tiens: sçachant bien que selon son precepte tous les bons Philosophes veulent que leur Soleil soit cõjoint à leur Lune, pour faire par leur cõjoinction la generation necessaire. Car comme dit Arnault de Villeneufue en sa fleur des fleurs, leur sperme ne se ioint point à leur corps, sinon par le moyen de leur Lune, & cette Lune n'est point l'argent vulgaire, ains la vraye matiere de la pierre, qui assemble en son ventre, & retient inseparablement le corps, qui est le Soleil, & le sperme, qui est le Mercure. Et c'est de cette Lune qu'il parle en sa nouuelle lumiere, disant que horsmis le maistre qui luy enseigna l'œuure, il n'auoit iamais veu personne trauaillant sur la vraye matiere: mais que tous s'esgaroient & extrauaguoient au choix des choses, comme si d'vn chien ils vouloient engendrer vn homme.

Que la racine de l'Esprit du monde est en l'air.

CHAP. VI.

LE vẽt n'est autre chose qu'vn air esmeu & agité : comme il se recognoist par la respiration des animaux, puisque respirant par le benefice de l'air, ils iettent du vent. Le vent donc est air & l'air est par tout vital & spiracle de vie, veu que sans air aucune chose ne peut viure: car ce qui en est priué ou suffoqué meurt incontinent, & les plantes mesme qui n'ont l'air ouuert & libre deuiennent debilles & languissantes au respect des autres.

Nous ne disons donc pas en vain

que l'air est esprit vital, trauersant & penetrant tout, donnant vie & consistence à tout, liant, mouuant, & remplissant toutes choses. Par lequel air s'engendre & rend manifeste cet esprit general enclos & caché en toutes choses : estant empraint & engrossé par l'air qui le rend plus puissant à engendrer. Tellement que Calid Philosophe Iuif a eu iuste subiect de dire que les minieres des choses ont leurs racines en l'air & leurs testes ou sommitez en terre. Comme s'il disoit que l'air est cause que cet Esprit vegette, s'augmente, & multiplie sa miniere en la terre. Encore que les experts en la preparation de la pierre des sages puissent dire que Calid entend autrement ce passage : car selon la doctrine de tous, il y a deux parties en l'œuure, l'vne volatille qui s'esleue en forme de vapeur, laquelle se resoult &

condẽse en eau, qu'ils nommẽt esprit, & l'autre plus fixe, qui demeure au fõds du vaisseau, qu'ils appellẽt corps: prenãt cette partie volatille pour l'air, comme elle est à la verité, & la fixe pour la terre. Rozinus a voulu expliquer ce passage par vn autre du mesme auteur où il dit: Pren les choses de leurs ames, & les exalte és hauts lieux; Moissonne les aux sommets de leurs montagnes, & les remets sur leurs racines. La glose dit que ces paroles sont claires, vrayes, sans aucune enuie ny ambiguité: & toutefois qu'il n'á point nommé les choses dont il entendoit parler. Or par les montagnes (dit il) le sage a voulu signifier les pots ou cucurbites, & par les sommets d'Icelles les chapes ou alẽbics: Moissonner, selon la similitude, est faire esleuer l'eau des choses susdittes dans le vaisseau: remettre sur les racines, est permettre que ladite eau retombe sur la terre d'où elle est partie. Ce qui est confirmé par Morien, quãd il dit que toute l'operation des sages n'est autre chose sinõ l'extraction de l'eau d'auec la terre, & la remise de l'eau sur la terre, iusques à tant que la terre pourrisse: car cette terre se pourrit auec cette eau, & se mondifie, laquelle estant mondifiee moyennant l'aide de Dieu dirigera & parfera tout le magistere. Quelques vns parlant de l'air ne l'ont point mis au rang des autres Elemẽts, mais l'ont estimé comme quelque glus ou ciment conioignant leurs diuerses natures, voire l'ont tenu pour l'esprit & l'instrument du monde, parce qu'il est origine, & porteur de nostre Esprit vniuersel. Car il conçoit prochainement les influences de tous les corps celestes, & les communiquant aux autres Elemẽts & aux corps mixtes, il reçoit & retiēt encore neantmoins, comme vn diuin miroir, les especes & formes de toutes choses naturelles : lesquelles portant auec luy, & r'ētrant par les pores des animaux, il les imprime en eux, soit qu'ils veillēt ou dorment. Nous apprenons des animaux & vegetaux que tout esprit qui est propremēt attaché à la terre, prend sa force & vertu de l'air, car nous les voyons croistre & s'esleuer en hault, tant cet esprit qui leur donne la vie est conuoiteux de l'air, comme du lieu de sa propre origine. Aussi a dit Hermes que le vent, c'est à dire l'air, l'a porté en son ventre. A quoy s'accorde Aristote, disant que les choses humides se font de l'air, & les terrestres des humides : car l'air estant tres-proche du corps de la terre, elle est humectee de tous costez, & cette humeur espaissie par la chaleur natiue, se tourne en cercaine nature de terre, qui contient en soy Mercure & Souffre, deuëmẽt proportionnez.

Comment la Terre nourrit cet Esprit vniuersel.

CHAPITRE VII.

BIen que cet Esprit soit infus & reside tant és choses inferieures que superieures, toutesfois on le peult plus euidemment & facilemẽt voir & connoistre au corps plus proche. Or le plus proche & vegeteux de tous les corps c'est celuy de la terre. En elle donc il s'engendre & manifeste dauantage, non sans grande raison : car la terre est comme le blanc & la butte de toutes les celestes influctions & vertus superieures, en laquelle tous les astres descochent & lencent lancent leurs rayons. Elle est aussi le fondement & baze de tous les elements, contenant en soy les semences & vertus seminales de toutes choses, qui est cause qu'on la nomme Mere commune des animaux, vegetaux, & mineraux. Estant donc engrossie par les cieux & les autres Elements, elle produit de son sein toutes choses. Or que d'icelle on arrache cet Esprit; qu'on le laue; qu'on le separe tant que l'on voudra; si on laisse cette terre ainsi despouillee quelque temps à l'air, elle sera r'engrossie & impregnee comme deuant par les vertus & forces du ciel, produisãt derechef certaines pierrettes cristalines, & reluysãtes estincelles: & cet Esprit que l'on pensera en estre du tout separé, regermera toujours. Parquoy l'impregnation faitte par l'action des cieux & des qualitez premieres la rend continuellement generante, car d'elle prouient tout ce qui eſt deſſous le cercle de la Lune. Elle produit toutes choſes qui ont vie, les conſerue, les nourrit, puis finalement les reſoult & transmue en elle meſme. Or eſtãt agitee par les actions ſuſdittes, elle iette double expiration tant dehors que dedans elle: leſquelles expirations ſortent de cet Eſprit terrien, empreint & eſchauffé par la chaleur celeſte. De l'expiration qui s'eſleue dehors d'icelle terre, aduenãt qu'elle ſoit humide, ſeront engendrees les bruïnes ou royees: & ſi elle eſt ſeiche, elle produira les vents, foudres, & autres telles impreſſions ſeiches de l'air. Mais de celle qui demeure encloſe & reſſerree en elle, aduenant qu'elle ſoit humide, ſeront faittes toutes choſes liquefiables, comme metaux & mineraux. Et ſi au contraire elle eſt ſeiche & arride, elle en produira choſes non fusibles, comme pierres & autres matieres semblables. Outre cela, toutes choses vegetables en prouiennent, & reçoiuent aliment de cet Esprit que la terre nourrit. C'est pourquoy les poëtes antiques nommoient cette terre grande ayeulle & nourrice de toutes choses.

Que cet Esprit du monde est cause de perfection en tout.

CHAPITRE VIII.

L'Esprit de l'vniuers est le genre general & commun de tous les genres : car si nous regardons le monde inferieur ou elemẽtaire, nous le trouuerõs diuisé en trois subalternes, assauoir le vegetal, l'animal, & le mineral : toutesfois il est tousiours vn en chacune chose, mais il opere diuerse-ment selon la diuersité des especes. De là vient cette infinie varieté de creatures: Autrement il faudroit par necessité qu'il n'y eust qu'vne espece de choses en tout l'vniuers. Mais si nous regardons le monde superieur & celeste, nous trouuerons aussi que cet Esprit y est vn & pareil en tout: ne differant que de la seule purification & subtilité. Car de sa pure substance ignee ont esté faits ces Esprits celestes & tres-eloingnez de l'inferieure espaisseur corporelle. Et de la substance moyenne aireuse, ont esté composez les globes celestes, & leurs luminaires. Or il a donc fait toutes choses, parce qu'il a les vertus des choses superieures & inferieures, à cause de son exquise temperature, car ce seul corps, entre tous, est commencemét & fin de perfection: & si les vertus luy manquoiét, il ne parferoit aucune chose. Nous apellons toutesfois icy la perfection simple & naturelle. Parquoy estant seulement parfait selon l'intention de nature, contenant en soy la reigle, ligne, action, & puissance de perfection, il acquiert neantmoins si grande force sur les choses naturelles, qu'il attire tout de la puissance à l'action, il altere tout: & penetre tout, quelque espois qu'il soit: mollifie les choses dures, endurcit les molles: & finalement augmente, nourrit, & conserue tout. Cet Esprit estant donc en tout corps, auteur de generation & corruption, est necessairement de triple operation, car par sa siccité il viuifie, par sa froideur il congele, & par son humeur il amasse & assemble. Pour cette cause on luy a donné le nom de terre triple, ou trine, assauoir vitrifiante, salsugineuse, & mercurieuse: car tout ce qui eſt fait au monde eſt fait de Sel, Verre, & Mercure. Bien que les principes de Paracelſe ſoient le Sel, le Soulfre, & le Mercure : & que le verre ſoit mis pour le quatrieſme, comme s'il vouloit dire que toutes les choſes composées de ces trois premieres, ſe reduiſent au quart pour leur derniere fin : d'autant que du verre ne ſe peult plus faire production quelconque, par l'induſtrie de la nature, ny de l'Art. Mais ie veux prouuer mon opinion par l'exemple & la raiſon ſuiuante : diſant qu'és animaux les os ſont conſolidez & endurcis par vitrification : la chair & les nerfs ſont concreez par le Sel, & amaſſez enſemble par l'humeur Mercurieuſe. Aux vegetables, les coquilles des amendes, pignons, noix, noiſettes, & toutes ſortes de noyaux, peuuent ſemblablement eſtre dittes vitrifiees : auſſi bien que les coquilles des tortues, limaſſons, huiſtres, & ſemblables animaux que la terre & la mer produiſent. Le gouſt ſeul donne ſuffiſante preuue qu'elles ſont ſalees à la verité, car rien n'eſt ſans ſel que ce qui eſt ſans gouſt. Et meſme on en tire du ſel duquel ſe fait le verre, comme de la fougiere, du ſalicot ou ſoulde, & de force autres choſes. Quelqu'vn pourroit donc obiecter que ce ſeroit le Sel & non le verre qui ſeroit cauſe de la dureté des os, coques, & coquilles des animaux & vegetaux que ie viens d'alleguer. A quoy ie reſpõdray que l'experience y repugne, & la raiſon auſſi: en ce que tout ſel ſe fond & diſſoult par la moindre humidité de l'air ou de l'eau qu'ils reçoiuẽt; & toutes les choſes ſuſdittes y reſiſtẽt; ſelõ le plus ou le moins qu'elles ont eſté endurcies par cette vertu vitrifiãte, pour derniere preuue de quoy ie repreſenteray icy les diaments, les pierres precieuses, & les cristaux, qui ne sont rien plus que verres elabourez à telle perfection dans la fournaise de l'ingenieuse Nature. Et que toutes ces choses soient condencees par l'humeur du Mercuce, cela est si manifeste qu'il n'est besoin en donner autre tesmoignage que l'experience commune. Les mineraux sont suffisammét pourueuz de Sel, Soulfre, & Mercure. Les pierres, & tout ce qui se tire de la terre, à qui manque la fusion & l'extention soubs le marteau, ont bien quelque sel en elles, mais il est surmonté par l'adustion du soulfre corrompant qui interuient en la vitrification & endurcissement d'icelles. Les metaux, & toutes choses fondantes & ductiles, sont creées & condencees par le Sel & le Mercure, non sans vitrification, qui les endurcit & rend indocilles au marteau : selon toutesfois le plus ou le moins d'impurité & terrestreité adustible qui s'est rencõtree à lespaississement & coagulation de leur Mercure. Par ainsi nous pourrons veritablemẽt dire que toutes choses sont faittes, comme d'vne triade, de Verre, de Sel, & de Mercure ou d'eau : le verre causant la dureté, le sel donnãt la matiere, & l'eau faisant l'assemblage & condensation.

De la specification de l'Esprit de l'vniuers aux corps.

CHAPITRE IX.

L'Ame du monde, & son action & vertu, est represẽtee en toutes choses, dedans lesquelles elle est toute cõforme. Elle lie, & conioint ensemble les choses superieures & les inferieures. Car autãt qu'il y a d'idees aux cieux, autant a elle de causes & raisons seminales, dont par le moyen de cet esprit, elle forge autant d'especes en la matiere. Partant, s'il adviẽt quelquesfois que chacune des especes degenere, l'ame qui est dedans pourra estre reformee & reduitte en sõ premier estat par le moyen de cet esprit du monde qui luy est tresprochain, obeissant à toute maniere de mouuement. Ne pensons toutesfois que cet intellect ideal soit attiré, mais bien l'ame douee des vertus d'iceluy, & allechee par les formes materielles. Ce qui ne doit sembler estrange, car elle mesme se fait la viande & l'apast, comme trãsmuable en toutes les choses par qui elle est attiree, & sollicitee; demeurant & residant tousiours volontairement en icelles. Zoroastre nõme ces congruitez & decences des formes auec les raisons de l'ame du monde, allechements. Par cela il apparoist que chacune chose & espece puise de l'ame du mõde ses dons & vertus; non pas toutes entierement, mais bien celles de la semence, & autres conformes, par lesquelles elle germe & pullule. L'exemple s'en void & remarque en l'hõme, qui se nourrissant seulement d'aliments humains, ne s'acquiert pas la nature des oyseaux ou poissons qu'il a mangez, mais bien l'humaine & conuenable à son espece. Il aduient aussi que quelquesfois plusieurs autres animaux viuent des mesmes aliments & viandes, desquelles neantmoins chacun attire ce qui est propre à son espece. De sorte que c'est chose veritablement admirable, que d'vne mesme viande l'homme tire ce qui est propre à l'homme; & l'oyseau & l'animal ce qui conuient aux oyseaux & aux animaux. Or cela se fait, non pource que en vne seule & mesme viande il y ait diuers & variables aliments; mais à raison de l'espece qui est nourrie, laquelle attire & transforme en soy sa nourriture cõforme, par le moyen dequoy elle engendre son semblable, à cause de la vertu de cette ame & raison seminale qu'elle a en soy, selon sa qualité. Dauantage, il ne faut estimer qu'en la machine du monde, l'esprit, l'ame, & le corps, soient quelques choses separees, car ces trois s'vnissent & lient tousiours ensemble, ainsi qu'on void en l'hõme, & rendent par cette vnion l'esprit vital entier, & la substance corporelle. L'ame de l'vniuers se feinct donc & imagine diuerses formes d'especes, que l'esprit receuant dans les entrailles des Elements corporifie, & produit en lumiere. C'est pourquoy les animaux engendrent seulement des animaux ; les plantes des plantes & les mineraux des mineraux. Non pas toutesfois en tout par semblable maniere, Car les mineraux cõme j'ay dit cydeuant, n'engendrent pas leur semblable en la mesme façon que les plantes; parceque l'esprit qu'ils possé-dent est arresté & opprimé de trop grossiere & lourde matiere; Lequel esprit, aduenant qu'il en soit vne fois tiré & adiousté à la matiere mineralle, pourra engendrer son semblable : d'autant qu'ayant acquis ingression & entree dãs les corps imparfaits, par la grande subtiliation de l'Art, & graduation du feu, il a puisé de l'ame vniuerselle ses propres semences minerales tant seulement; non pas celles des animaux, ny des plantes: d'autãt que cela repugneroit à la Nature. Non que ie vueille dire qu'il n'ait en luy l'action des autres vertus; Mais il ne les demõstre que selõ les especes où il est accommodé. Autrement il faudroit que chacune chose en produisist vne dissemblable; Assauoir, que l'homme engendrast vn arbre: la plante feist vn bœuf, & le metal vne herbe. Ce que ie dy seulement à l'esgard de la specification des choses: Car si nous considerons ce genre generalissime, (comme l'appelle Raymond Lulle) à quelque chose qu'on le baille il fera son semblable, pource qu'il est Mercure, & s'attribue la nature de tout ce à quoy il est meslé. Mais l'art humain ne peut faire ce qui est concedé à la seule Nature: laquelle engendre & procree l'espece, que l'Art par apres dilatte & multiplie; si le cōmencement de l'operation est pris de la racine de l'espece: comme sçauent bien faire tous prudents Phisiciens, qui tirant des minieres cet Esprit ja commencé à specifier, apres l'auoir deuëment purifié & conduit à perfection, le rendent capable de parfaire les imparfaicts. Ces choses exactemẽt examinees, l'artiste expert & aduisé en tirera des adaptations admirables.

DEVXIESME LIVRE.

Que l'Esprit du monde prend corps, & comment il se corporifie.

CHAP. I.

I'Estime auoir suffisamment fait cognoistre au liure precedent, que par l'Esprit general toutes choses sont, non seulemẽt produittes; ains corporifiees en l'vniuers:

mais il reste à declarer quel corps prēd cet esprit, & de quelle façon il se corporifie en corporifiant toutes les autres choses. Car il est necessaire que prenant de luy seul tous leurs corps, il soit luy mesme corporel, n'estant raisonnable de croire qu'il peust donner ce qu'il n'auroit iamais eu. Voyons donc de quel corps il se reuest ; & en quelle maniere il en est reuestu. Non que ce soit toutesfois mon dessein de disputer icy de la corporification des choses celestes & surnaturelles, ains seulement d'attacher mon discours aux generations physiques, soubslunaires, & au corps de la terre qui est le vaisseau & propre matrice où ce premier & general corporifieur des choses, luy mesme se corporifie. Ie dy dōc qu'aucune corporification ne se peut faire sans moteur precedent, qui tire la puissance en action, afin que ce qui semble

semble n'estre point, sorte en lumiere & paruienne au terme & accomplissement de l'intention de Nature; qui est tousiours de corporifier ce qu'elle veut produire. Or ce moteur n'est autre chose que le feu, ou la chaleur qui se meut premier dedans l'air: Car toutes generations se commencent par là; d'autant que le feu est le plus actif de tous les Elements, & par consequẽt comme plus subtil & leger, plus propt à motion. Ce feu donc, duquel le propre est de voller en haut à cause de sa viue legereté, & de rendre visibles les choses incognues, prend necessairement la source de son mouuement & action d'embas, c'est à dire du centre du monde, où nous auons cy deuant logé le vieil Demogorgon progeniteur de toutes choses; estant leans assis comme en son trosne au beau milieu de son Empire: afin que de là il gouuerne, commande, entretienne, & departe de tous costez l'essence de la vie à tout ce grand corps spherique, rondement estendu autour de luy, afin qu'vn chacun reçoiue en chacque membre ce qu'il luy en faut, plus facilement & par distance egalle. Dedans le sein fecond de cet antique pere est implantee la racine de ce feu; qui de la fait vne vaporante halaine, que Hermes en son Pimandre appelle Nature humide. Car vapeur est la premiere & prochaine action du feu; auec lequel elle est tellement conioincte qu'on ne le sçauroit seulement imaginer sans elle. Mais (dira quelqu'vn) puisque cette vapeur prouient du feu comment est elle humide, veu que le feu est chaut & secq? & d'où luy peut donc arriuer cette contraire qualité? Il n'y a rien icy d'estrange, si nous voulons cõsiderer qu'il est impossible que le feu viue ny puisse estre sans humeur, qui est son aliment, entretien, & sujet; sans lequel le feu mesme ne sçauroit estre imaginé. Car puisque son naturel est d'agir, & que son action est indeficiente; il faut de necessité qu'il agisse sur quelque chose : & que mesme cette chose ne luy manque iamais. Ainsi donc le feu & l'humidité coessentielle sont comme le masle & la femelle de toute generation ; & les premiers parents de la corporification de cet Esprit du monde : comme il se verra cy apres. Mais le feu est comme le premier operant ; d'autant que l'action precede tousiours la passion. Combië que ce qui patit inseparablemët coexiste auec ce qui agit : Ainsi que le stoique Zenon disoit jadis, estimant que la substance du feu, par l'air conuertie en eau, & conseruee en icelle, comme vn sperme general, d'où puis apres toutes choses sont engendrees, estoit la premiere matiere de l'vniuers. Thales Millesien, que les Grecs honorent du nom de sage, s'arrestant à la matiere patiente, estimoit que c'estoit l'eau: qu'Heraclite aussi nommoit Mer: Et Moyse plus illuminé que ces deux, dit que l'Esprit de Dieu estoit porté sur les eaux auant la creation du ciel & de la terre: Nommant le feu à cause de sa noble, pure, & digne essence, l'Esprit de Dieu. Quand je diray donc le feu estre le principe des choses, ie ne m'esloigneray de la raison ny de la verité: Car sans doute il en est le premier ouurier: & le dernier destructeur & mueur des formes qu'il auoit causees: iusques à tant qu'il ait reduit les choses à leur periode & matiere: outre laquelle il n'y a plus de progression, mais bien transformation: ainsi que je l'esclairciray tantost par la comparaison des choses visibles & familieres. La premiere puissance actiue qui opere en la production de l'homme est l'agitation ou motion de la chaleur : Laquelle en imitant l'action du feu, de qui le naturel est principallement de separer, tire de tout le corps ce que l'ō nomme sperme, (auquel est contenue la semence humaine en puissance) qu'elle cuit & digere pour estre fait apte à l'expulsion, puis à la generation ou augmentation parfaitte de l'homme entier. Laquelle generation & augmentation est tousiours aydee & conduitte du feu, qui est le seul operateur : iusques à ce qu'arriuant au but de son exaltation, & trop enflamé par le soulfre des excrements procedans de l'impurité des aliments, il desseiche l'humide radical, qui est le siege & conseruateur de la vie. Cela fait, ce feu mesme ne cesse point son action qu'il n'ait conuerty les corps en cendre par resolution & corruptiō, qui ne se peuuent faire que par luy seul. Mais pour faire entendre cecy plus facilement, & le toucher au doigt, afin que par la connoissance de la derniere matiere de ce corps on en connoisse la premiere : Mettōs le dans le feu vulgaire, nous verrōs aussi tost qu'il a ie ne sçay quoy d'inflamable qui le consomme presque tout, & le reduit én vn peu de cendre; laquelle nous voyons de nature ignee, & nourrir en son dernier subiect & matiere vn pur sel, dont le feu seul est l'vnique pere & multiplicateur. Et quelque brullement que l'on en puisse faire, n'en reussit rien que du sel, qui dedans son interieur a son feu caché, lequel se resioüit auec son semblable. C'est pourquoy les spagiriques ont experimenté que dans le sel il y a vne incombustibilité ou secret element de feu qui a les mesmes actions de ce feu primitif, estant pour cette cause appellé baulme des corps: dautant qu'il a dans luy ce qui donne, augmente, & conserue la vie: qui n'est sinon vne vapeur humide, accompagnee de chaleur temperee. Iean de la Fontaine en son Romant Philosophique tesmoingne qu'il n'ignoroit point ce mystere, quand il fait dire à Nature:

Aucuns disent que feu n'engendre
De son naturel fors que cendre:
Mais leur reuerence sauuee
Nature est dans le feu antee:
Et si prouuer ie le vouloye
Le Sel a tesmoing ie prendroye.

Or pour iuger qu'il est muny d'humeur, il ne faut que considerer sa resolution facile: & pour prouuer qu'il est plein de chaleur, il ne faut sinon obseruer sa prompte congelation, en laquelle il eſt ayſé à remarquer que le feu agit & s'vnit au feu, comme en la liquefaction l'air ſ'eſtoit ioint à l'air. Car en quelle façon pourroit le Sec boire l'humide en vn ſuget, ſi la chaleur n'y eſtoit innee, puiſque naturellement l'humeur eſt beuë par la ſeichereſſe procedente de chaleur ? Par cela peut on ayſément comprendre que Demogorgon, qui eſt le feu Central, n'eſt point deſtitué d'humidité, ſur laquelle agiſſant en ſon ſein propre, il eſleue vne vapeur meſlee des deux qualitez, que ie nomme l'Eſprit du monde: & que pluſieurs appellent Mercure des Mercures, parce que tous les autres proceddent vniuerſellemēt de luy. Cette vapeur ſ'eſleuant n'eſt donc pas encore corps, mais bien vne choſe moyenne entre corps & eſprit, comme participant de l'vne & de l'autre ſubſtance, laquelle demeurant ainsi,ne pourroit engendrer aucune chose. Il faut donc qu'elle prenne quelque corps,ou forme de corps : Ce qui se fait en cette maniere. La vapeur tressubtile proceddant du sec & de l'humide,venant à s'esleuer prenetre les spongiositez de la terre, dans laquelle peu a peu elle se conuertit en eau mercurielle par la rencontre qu'elle fait de l'air infus, & de la terre mesme, dont la superficie est grandemẽt esloignee du cẽtre,auquel est le foyer d'où part cette chaleur : tout ainsi qu'en la chappe d'vn alembic où l'esprit &vapeur distillable se liquefie.Or parce que cette vapeur& son eau participent des deux principes, assauoir chaleur & humidité, elle s'engrossit & espoissit peu à peu par decoction moderee & continuelle, dont le principal instrument & moyen est ce feu inné que contiẽt cette vapeur mesme.

induisant, voire forçãt par son action assidue, le sec de boire son humide, & faire congeler cette eau, non auec vne solidité ou durté en tout & par tout semblable, mais premierement mussilagineuse, & differẽte. Ce que Nature pretend faire par l'information des Idees au mussilage, est le commencement d'induration & solidité; Laquelle doit de necessité tenir la voye de Nature, qui est de passer de l'vn à l'autre extremité par la moyẽne disposition. La Nature continuant donc sa digestion, ce mussillage s'afermit; Et de la plus grosse matiere ou partie s'engendrent les corps metaliques dans les veines de la terre & concauitez des rochers. Lesquels corps engendrez de mesme semence ne diferent nullemẽt de substance, ains seulement des accidens qui leur arriuent selon la disposition des lieux ou matrices esquelles ils ſont engendrez. Ce qui eſt donc de plus ſubtil en cette vapeur montant volontiers, paruient en fin iuſques à la ſuperficie de la terre, où elle eſt contraincte de s'arreſter. Et d'autant qu'elle ne peut demeurer ocieuſe, & ne peut toutefois deualler, ny monter plus hault, parce qu'eſtant eſprit, c'eſt ſon propre de s'eſleuer; & que ne trouuant rien de ſolide qui la puiſſe porter; Il eſt force qu'elle continue l'intẽtion de Nature, & s'employe à la generation & corporification des indiuidus. Mais afin que plus clairement on puiſſe entendre tout ce que j'ay deſia dit; prenons quelqu'vn de ces indiuidus, & pour donner vne abſolue cõcluſion à ce chapitre, voyons comment il eſt procrée; Car cela nous rendra certains que cet Eſprit du monde prẽd corps, & nous deſcouurira comment il ſe corporifie. Le gland ſemé dedans la terre y demeureroit à iamais inutile, ou se consommeroit sans germer, s'il n'y auoit quelque agent qui portast en acte la puissance oculte que Nature y a logee. D'où pourroit on imaginer cette action sinon du feu cétral sortant du cœur de ce Demogorgon, lequel feu attiré & fomenté par les rayons du Soleil celeste, redouble sa force & vigueur? Cette germination n'a elle donc pas son commencement par ce feu de Nature, qui esleuãt & multipliant sa vapeur resueille & excite le feu inné dedans le gland, qui de sa part aussi se vaporise par le moyẽ de son air propre, puis estant commẽcé à vaporiser, se nourrit & augmente de cette vapeur premiere, qui iamais ne defaut ny cesse d'agir sur la matiere du gland, iusques à ce qu'il soit au periode de la perfection où l'intention de Nature l'a destiné, qui est d'estre fait chesne : lequel en son temps paruenu à sa grandeur naturelle, commẽce (non pas propremẽt à mourir) mais bien à s'acheminer au declin pour retourner en sa premiere forme; & se cõuertir en celle de la terre, où cette vapeur ne manque point & n'est iamais oysiue: Car elle engẽdre en la pourriture de l'arbre certains Polipodes, auec vne infinité de bestiõs & vermines: ou bien ayant reduit le chesne en terre, elle y recommence quelqu'autre vegetation. De penser dire que la masse du gland s'augmente & multiplie, il y auroit de l'erreur: Car en la germination il se void qu'il demeure tout entier, & se separe de son germe sans diminutiõ ny amoindrissement quelconque, & neantmoings l'arbre en est sorty. Ce n'est donc point par la multiplication & augmentatiõ du gland que le chesne s'engendre: C'est aussi peu par addition,& distraction de la terre adiacente, car il s'espuiseroit autãt de terre que l'arbre pourroit estre grand, ce qui ne se faict point. Il est donc necessaire que ce soit par quelqu'autre voye & matiere, puis que ce n'est ny par l'vne ny par l'autre de celles là. Or cet esprit ou vapeur seule y estant employee, c'est cela seulement qui se corporifie & fait indiuidu, & de là que prouient la creation, augmentation, & conseruatiõ de toutes choses, non point des masses terrestres qui ne sont que les excremẽs de la matiere spiritueuse & primeraine. Comme il se void en la digestion de l'estomac, laquelle rejette les excrements au mesme poids & quantité de viandes qu'il les à prises: ayant neãtmoins tiré son propre & particulier aliment, qui n'estoit autre chose que cet esprit enclos dans la masse d'icelles: lequel seul par sa siccité se corporifie,

& par son humidité se dilatte & augmente, poussé & conduit par sa propre chaleur.

De la conuersion de cet Esprit en terre: & comment en cette terre sa vertu demeure entiere.

PAr les raisons ia deduittes estãt à mon aduis sufisammẽt prouué que l'Esprit du monde prẽd corps, il faut icy declarer comment il se corporifie. Et bien que plusieurs ayent beaucoup trauaillé & fort peu auancé en cette recherche, i'essayeray à le rendre palpable & visible à ceux principalement qui fauorisez d'vne heureuse naissãce, admirateurs des rares effects de Nature taschẽt d'ẽtrer au cabinet de ses secrets. Car ce qui a deceu tant d'esprits curieux en la perquisition & descouuerte de ce corps, a esté que les vns ont estimé cette cognoissance du tout hors de la faculté du sens commun de l'homme, & reserué seulement aux Anges ou demõs. Les autres que le nommant l'Esprit du monde on ne luy deuoit imaginer autre corps que celuy de l'vniuers; veu qu'à vn esprit general il faut vn corps vniuersel. Les autres, qu'on ne le pouuoit autrement apperceuoir que par la conuersion des corps plus parfaicts en leur premier esprit & sperme, par vne exacte & laborieuse subtiliation, ne s'auisant pas qu'il n'y a point de retrogression en Nature: & que plus les corps sont parfaicts, plus ils sont esloignez de leurs commencemens & corporeité premiere. Les autres encore ont pẽsé qu'il falloit extraire des corps ce qu'ils nõmẽt quinte essence, croyãt que ce qui estoit plus subtil & volatil feust l'esprit qu'ils cherchoient: & s'esloignant

loignant ainsi du but où ils visoient le plus, vouloient trouuer l'Orient au couchant : Car ils spiritualisoient les corps au lieu de corporifier les esprits. Mais puisque cet esprit se void manifestement tourné en corps de terre; & que sans contradiction ny doute aucun tous corps sont engendrez de luy, On le doit donc tirer d'eux mesme: d'autant que ce seroit infiniment se destourner du droict chemin de la Nature, qu'au lieu de faire vn corps terrestre on en feist vn de feu, que les quintessenciaux appellent leur Ciel. Or le commencement de corporification en toutes choses se fait par la terre; Car c'est la premiere ou plus prochaine operation du Mercure que se terrifier. Pourquoy veulẽt ils donc commẽcer par ignification? c'est tout ainsi que de cõmencer vn bastiment par la toiture & non par les fondemẽs. Ceux qui tẽdent à la reduction des corps en leur premier germe auroient bien vne raison plus apparente en leur dessein que les derniers qui les veulẽt quintessencier, s'ils ne prenoient en ce progrez vn chemin tortueux qui les conduit à l'opposite du lieu où ils aspirent. Car outre ce que Nature ne retrograde iamais, ils ne s'auisent pas qu'ils suiuent le trac de l'accomplissement, & non de la reuertion destructiue ; ou pour dire plus clairemẽt, qui reconduit à la naissance. Mais outre, que ces labeurs sont du tout impossibles; ou à tout le moins si difficiles & longs que la vie ordinaire de l'homme n'y seroit suffisante ; ils ne sçauroient par cette voye arriuer à la vraye & naturelle reduction, ains feroient seulement vn corps fantasque, grandement esloigné de celuy auec lequel Nature commence toutes ses operations productiues, qui est le seul & legitime sperme de tous corps. Si nous considerons que tout se corporifie par terrification, nous aduoüerõs necessairemẽt qu'il y a quelque subiect preiacent, & prochainement apte à se terrifier: Or i'ay dit dés le commencement que le feu est le premier operateur du monde, qui iette vne vapeur spiritueuse, laquelle il cuit & desseiche pour la corporifier; car la corporification ne se peut faire sans coagulation; necessairement procuree par la siccité du feu. Mais en quel lieu se fait cette cuisson, desseichemẽt ou coagulation, sinon dans le corps de la terre, d'où prouiennent tous autres corps? Il faut donc que la preiacente matiere d'iceux y soit cachee: car si elle n'y estoit, il s'ensuiuroit qu'ils seroient faicts de rien; ce qui contredit à l'ordonnance de Nature, qui veut que toute chose ait son principe, & que de rien rien ne procede. Cette matiere ou principe est donc attachee au corps de la terre, où elle se nourrit, espaissit, & incorpo-re. Pour cette cause, ceux qui ont vou-lu la tirer des corps metalliques par-faits, ou des imparfaicts & simples, par attraction de quintessence auroiẽt bien mieux fait (puis qu'ils cherchoiẽt le premier sperme) d'ouurir la matri-ce de la mere, que de tuer & destruire les enfans desia paruenus à la perfe-ction de leur aage, pour les cuider re-mettre en l'estat qu'ils estoient à leur conception. Mais quand ils ouuriroiẽt ceste matrice, qu'y trouueroient ils? car rien ne se presente dedãs à la veuë; & plusieurs aduoüant bien que cette voye estoit la plus fauorable, ont en-core esté deceuz, esperãt trouuer dans le ventre des minieres quelque appa-rence de commencement d'aurifica-tion; ce qu'ils n'ont fait toutesfois, & ont desesperé de leur dessein, dautant qu'ils ne voyoient aucune moyenne disposition entre la mollesse & la dureté du metal. Puis donc que l'œil n'y void aucune chose, comment est-il possible d'y rien trouuer & prendre? Cela est l'œuure, mais cecy est le labeur. Certainemēt tels inuestigateurs ne iugeoient pas que la matiere premiere n'est autre chose qu'esprit & vapeur si subtile & deliee que le seul regard de l'intellect l'a peut voir ou imaginer. Toutesfois dautant qu'elle est attachee au corps de cette mere, & habite en icelle, il faut par viue raison qu'elle ait quelque nature quasi corporelle, & apte à se corporifier. Or iaçoit que i'aye cy deuant assez ouuertement declaré à ceux qui sont doüez de subtil iugemēt quelle est cette Nature, si adiousteray-ie icy que la spongiosité de la terre est pleine de cette vapeur spiritueuse, qui par la vertu de la chaleur innee, acquiert vne qualité ſeiche, accompagnee d'vne humeur ſecrette, par laquelle elle ſe condence & coagule en corps ſpecifique. Et comme cette nature humide deſſeichee a eſté premierement eau, il faut auſſi la reduire en eau par l'eau, qui eſt le ſeul moyen pour aquefier les choſes ſeiches, comme le feu pour deſſeicher les humides: Choſe que Nature obſerue tres-exactement en la generation des metaux. Car l'eau fluāt par les pores terreſtres, trouue vne ſubſtāce diſſoluble, auec laquelle elle ſ'vnit par leurs plus ſimples parties, & à cette vnion conuiennent les elemens deuëment proportionnez. La ſubſtance adonc ainſi conioincte par ſa diſſolution, ſe congele & coagule d'elle meſme par endurciſſement qu'elle a naturellement en elle, à cauſe de ſa ſiccité innee: puis par ſucceſſiue & longue decoction elle acquiert la durté metallique. Mais puis que cette substance est dissoluble, de quelle autre nature peut elle estre que de sel? car rien ne se dissoult que les sels; desquels la multitude & varieté est grande, puis qu'il y en a autant que de choses au monde? Tellemét que tant plus il est bruslé, & plus aquiert il de facilité à se dissoul-dre, pourueu qu'il ne soit arriué iusques à la vitrification. Cette premiere matiere est donc vn sel: C'est à dire que le sel est le premier corps, par lequel elle se rend palpable & visible, duquel sel Raymond Lulle entend parler dãs son testament, quand il dit: Nous auons cy dessus declaré qu'au cẽtre de la terre est vne terre Vierge, & vn vray elemẽt: & que c'est l'œuure de Nature. Partant Nature est logee au centre de chacune chose. Ainsi le sel est cette terre Vierge qui encore n'a rien produit ; en laquelle l'esprit du monde se conuertit premierement, par vitrification; c'est à dire par extenuation d'humeur. C'est luy qui donne forme à toutes choses, & rien ne peut tomber au sens de la veuë ny de l'atouchement que par le sel. Rien ne se coagule que le sel: Rien que le sel ne se congele: C'est luy qui donne la durté à l'or, & à tous les metaux: au diament, & à toutes les pierres tant precieuses qu'autres, par vne puissante mais tres-secrette vertu vitrifiāte. Qui plus est, il se void que toutes les choses composées des quatres elements retournent en sel. Car s'il aduient qu'vn corps se pourrisse, qu'en restera il sinō vne poudre cendreuse qui recelle vn sel precieux? & si ce corps est destruit par bruslement, calcination, ou incineration, qu'en tirerons nous en dernier ressort sinon du sel? Les verriers nous seruiront a cette preuue. C'est pourquoy Arnault de Villeneufue grand Medecin & Philosophe, en sa nouuelle lumiere chimique parlant de l'eau permanente des sages, qui est vne eau seiche, laquelle ne moüille point les mains non plus que l'argent vif vulgaire, dict: Qui sera-ce dõc qui pourra faire cette eau? certes je dis que ce sera celuy qui fait faire le verre. Le mesme Autheur parlant de l'excellence de cette eau seiche, l'a donné assez à cognoistre quand il dit en vn traitté chimique auquel il baille le nom de Breuiaire philosophique: L'operateur ne fera non plus sans sel, qu'vn archer tirera sans corde. Et la fontaine des amoureux dit aussi,

Sans sel ne peux mettre en effect,
Utile chose pour ton faict.

C'est donc de sel que tous les corps ont esté premier composez, car ainsi que j'ay dit au precedent chapitre, les principes de composition & de resolution sont semblables. Et comme veulent & tiennent tous les philosophes pour maxime infaillible, la premiere matiere des choses n'est point autre que leur derniere, c'est à dire celle en quoy ils se resoluent en leur fin, donnant pour exemple la glace & la neige qui par chaleur se reduisent en eau, de laquelle par congelation elles estoient faites. Et si ie voulois icy rapporter tous les tesmoignages des bons Autheurs il en naistroit vn iuste volume. Or pour monstrer que ce sel est la pure & vraye terre, non pas celle sur laquelle nous marchons, que ie veux prouuer n'estre que l'excrement & lie de l'autre, i'auray recours à la premiere creation des choses, laquelle ie figureray par l'exemple d'vne operation familiaire qui se faict à l'imitation de

Nature, & par le moyen & mesme reigle que ce grand vniuers a esté faict. I'ay cy deuant dit que le principe des choses estoit l'eau, ou bien vne Nature humide ainsi que dit Hermes, sur laquelle, suyuant le texte de Moyse, l'esprit de Dieu estoit porté. Mais on me pourra demander comment ce grand amas & confusion d'eaux a esté diuisé, en sorte que cette ample & lourde masse terrestre en soit sortie ? & par quel moyen tant de choses diuerses sont produittes de cette terre, Ie responderay à telles questions ce que la seule experience m'en a fait voir, disant qu'il est naturellement probable qu'il se feit lors premieremẽt quelque assiette au milieu de ces eaux par le moyen de separation, suiuant le propre texte de Moyse, qui dit que Dieu separa les eaux des eaux, car il en est de deux sortes, assauoir l'eau eleuatiue, &

l'eau congelatiue. La premiere s'esleuant par euaporation laissa donc la seconde fixe en bas: ainsi que le voyent iournellement ceux qui font le Sel tãt marin que fõtainier. Vray est que l'vn se fait par la force atractiue des rayons du Soleil: & l'autre par la violence expulsiue du feu. Or le feu seul, où la seule chaleur entre toutes les choses du monde possede cette vertu separatiue, par l'vne ou l'autre de ces deux voyes, ou naturelle, ou violente. C'est donc par l'vn ou l'autre que cette separation a esté procuree. Mais à qui eust sceu Moyse cõparer ce feu sinõ à l'esprit diuin, qui ne se peut autremẽt definir, que la source vniuerselle de lumiere, de chaleur animante & de vital mouuement: par lequel toutes choses sont, & persistent en leur estre? Considerons le sel de Nature estant encore en son lymbe où cahos, C'est à dire diffus, dissoult, ou noyé dans son eau, en quelle forme apparoistra-il à nostre veuë, & quelle qualité luy attribuera nostre goust & attouchement sinon d'eau amere? Lesquelles forme & qualité, il conserueroit eternellement si le separateur n'interuenoit. Mais aussi tost que cette eau esleuatiue sent l'action du feu qui luy est ennemy; la separation commẽce à se faire par euaporation, & peu à peu se diminuant faict apparoir au centre de son globe vne petite assiette de sel qui s'assẽble tout ainsi que le corps fist de la terre dãs le premier lymbe des eaux vniuerselles. Voila donc la premiere operatiõ que fist le feu, assauoir de faire apparoistre l'aride, c'est à dire, la terre. Mais tout ainsi que cette terre premiere demeura coagulee par le feu auec ses excrements & feces; ce sel qui est vrayement terre retiẽt aussi les siẽnes, encore qu'il semble pur & net, plein de blancheur & lucidité: Car riẽ ne se peut engendrer, alimenter, & croistre, sans engẽdrer aussi des excrements, de la formation & separation desquels ie reserue à parler en leur lieu. Or ce sel ou cette terre aride qui se coagule & assiet dedans l'eau, reboit tout son humide, & se desseiche par la continuation du feu: gardant neantmoins en elle vne humeur interne qui ne l'abandonne point; & de laquelle luy prouient cette vertu dissolutiue: puis arriuant temperature, entre le sec & l'humide, elle demeure apte aux productions des choses, tiree de puissance à effect par l'action de la chaleur. Et de vray tout ainsi que le corps de la grand terre a cette vertu productiue & specifique des indiuidus; aussi a celle cy que nous appellons sel. Non pas qu'elle produise herbes, metaux, ny animaux, comme fait l'autre, mais elle a dans son sein la semence originelle de toutes choses; de sorte que l'experience nous y fait voir par les operations du feu, les couleurs, saueurs, accroissemens, vegetations, & endurcissements, que l'on voit en chacun de ces trois genres. Et non seulement cela, mais encore le propre feu que le Soleil y a mis; par lequel il viuifie & nourrit toutes choses. Ainsi qu'il m'est apparu au progrez de certaine œuure philosophique: Ayant veu en cette matiere seule, distinctement & l'vne apres l'autre: selon l'ordre & les interualles determinez par les maistres, toutes les couleurs & les aparences qu'ils disent deuoir arriuer en leur matiere à la confection de leur pierre: auec cette fusion soudaine apres estre paruenu à la haute rougeur du pauot champestre: Et toutefois sans auoir produit le miracle tant desiré & attendu, quand à la Methamorphose des metaux : mais ayant fait sur les corps humains par succurs vniuerselles & naturelles, des effects si miraculeux que ie ne l'oserois publier sans craindre le tiltre de charlatan: toutefois, Monseigneur, vostre Altesse me peut garentir de cette iniure, comme tesmoing irreprochable ; puisque le bruict de ces merueilles estant paruenu iusqu'à elle vous daignastes bien ainsi que Iupiter visiter la demeure de vostre paure Philemon ; portee du genereux dessein d'en estre asseuree par la bouche d'vn homme de bien, qui cruellement affligé de diuerses douleurs, & trop extesnué de la languissante longueur de ses maux, n'auoit plus recours qu'à la bonté celeste, ny espoir qu'en la mort, à chacun moment reclamee. Le dire veritable duquel obligea encore vostre

vostre altesse, de faire ouyr par information solemnelle une multitude d'autres que i'auois soulagez par ce mesme remede. Et si l'auidité ou l'enuie de celuy auquel estoit commis & cõfié le soin de la santé de feu (de tres-illustre & glorieuse memoire) Monseigneur le Reuerendissime Cardinal vostre trescher frere, ne l'eust empesché d'en prendre, i'estime que Dieu n'eust desnié à son excellence la mesme grace & benediction qu'il auoit essargie à tant de pauures gents. Si donc ce Sel a toutes les qualitez de la terre, qui voudra soustenir que luy mesme ne soit terre: & par consequẽt qu'il ne doiue estre appellé Esprit vniuersel terrifié, ainsi que Hermès l'a despeint? Mais ie diray que cette conuersion ne se peut faire sinon par vn artifice de tres-facile pratique, & de tresmal aisee perquisition. Car sans mentir c'est vn acte qui passe l'humain de faire voir à l'œil & toucher au doigt cette premiere matiere qu'vn monde d'hommes admirez pour leur grande doctrine en tous les siecles, ont estimé voire affirmé estre inuisible, & incomprehensible. S'amusant seulement par vne profonde theorie à discourir de l'excellence de la chose; & non pas à la rechercher & cognoistre par ses effects. De sorte qu'entre tous les curieux que j'ay practiquez depuis quarante ans que j'en ay senty la premiere odeur, ie n'en ay point trouué six qui le cogneussent. Or ayant suffisamment esclaircy comment ce sel est conuerty en terre; & gaigné ce point aussi, qui est la vraye operation des operations: il reste maintenant à monstrer comme apres cette cõuertion sa vertu luy demeure entiere. Toutefois auãt que passer outre il est bien raisonnable de dire de quelle vertu & force estoit doué cet Esprit ou Sel, afin de le sçauoir rechercher & retrouuer en luy quand il sera terrifié. Ie diray donc à cet effect que c'est vne chose indubitable & qui n'a besoin de preuue, que les Cieux sont en continuel mouuement qui tend necessairement à quelque fin. Car, combien que naturellement on puisse dire la fin de ce qui se meut estre d'aller d'vn lieu en vn autre, si est-ce que le mouuemēt se fait pour quelqu'autre cause: & l'intention de la motion n'est pas seulement de remuer de place en place: mais bien de faire ce mouuement pour paruenir à l'effect de quelqu'autre fin. Car il y a deux fins: L'vne que les Philosophes appellent fin pour laquelle la chose se faict: comme la fin de la generation de Platō, c'est l'ame de Platon. Et la fin pour laquelle Platon a pris les vertus, c'est beatitude. L'autre fin est ce à quoy les choses vont à cause de la precedente; cõme la fin de l'assemblemẽt du masle & de la femelle, c'est la generation, mais la fin pour laquelle se fait la generation, c'est l'hõme, ou l'animal. Aussi la fin pour laquelle Platõ alla de Grece en Egypte, c'estoit pour apprendre sapience. Mais la fin de son cheminer, c'estoit l'Egypte où il pretendoit d'aller. La fin donc du mouuement des Cieux n'est point seulement de se remuer de lieu en lieu; Mais afin d'influer leurs vertus sur les corps inferieurs. Car d'imaginer que l'influence se face & espande inutilement és lieux où il n'y a rien pour la receuoir, c'est vne erreur trop grossiere. Or cette influence de vertus est indeficiente & continuelle à cause que le mouuemẽt par lequel elle se faict est orbiculaire, tousiours recommençant & retournant à soy-mesme. Qui est la raison pourquoy les choses sur lesquelles elle se faict, & ce qui en procedde est de pareille nature & qualité ; receuant sans cesse vne force & multiplication de ces vertus qui ne manque iamais: & puisque cette influence ne s'estend point dessus les Cieux, où comme j'ay dit, il n'y a rien; il s'ensuit de necessité qu'elle se doit faire sur quelque chose inferieure & corporelle, sur quoy elle puisse agir, Car rien ne patist que ce qui a corps: Mais quel corps naturel y a il au monde que celuy de la terre? n'est-ce pas le corps des corps; Et celuy seul qui de luy mesme peut subsister, ayant toutes les qualitez requises aux corps, assauoir longueur, largeur, profondité, & superficie? n'est-ce pas le suiet ou but prefix de la Nature, à quoy sans cesse elle s'exerce de corporifier & animer? Où pourroit elle donc accõplir ces ouurages sinon dans le corps de la terre? ainsi la terre est le seul corps inferieur qui reçoit les influences celestes, les vertus & puissances desquelles sont de penetrer, eschauffer, purger, separer, vivifier, augmenter, conseruer, & restaurer. Il n'est besoin de disputer icy maintenant si les Astres & les Cieux influent leurs corps sur le corps de la terre, car l'experience nous en releue par le tesmoignage des sens. Parquoy, laissant cela pour cognu, ie m'efforceray seulement à desduire cõment ils font leurs vertueuses influctions. I'ay n'aguere dit qu'elles tendent en bas directement & non en haut. Et d'autant que le bas d'vn corps spherique est son centre, c'est donc necessairement sur la terre qu'elles decoulent, & en elle seulle qu'elles finissent & fichent leurs pointes. Car la terre est le vray centre de l'vniuers, & le point de ce grand cercle où toutes les lignes de ces influctions aboutissent. Et parce que cette terre est vn corps solide, & que la solidité de tous autres corps prouient d'elle, il faut vne vertu tres-subtile pour la penetrer par ses moindres parties. Les Cieux donc qui sont de tres-subtile matiere produisent des vertus pareilles, car les operations suiuent ordinairement les qualitez du corps qui les produit. Or cette penetration ne seruiroit de rien, & seroit comme vne eau courante sur vn champ duquel elle n'arrose que la superficie à cause de la vistesse de son cours, si elle n'y faisoit quelque pose. Mais puis qu'infailliblement elle tombe iusques au centre, & qu'elle ne peut passer outre, ne trouuant rien de plus bas pour y descẽdre, elle est cõtraincte de s'y arrester & amasser. C'est pourquoy quelques vns ont dit que le fõds de la terre est tres-precieux, à cause que toutes les vertus celestes s'y assemblent & vnissent. Lesquelles ainsi vnies & assemblees ont vne puissance infinie, tant parce qu'elles y affluent continuellement, que parce qu'elles proceddent des corps infinis en vertus, immortels, incorruptibles, & in deficients. Les anciens Poëtes qui fabuleusement nous ont laissé ce qu'ils auoient imaginé de ces choses occultes, partageant le monde en trois, assignerent à Iupiter comme premier fils de Saturne, le Ciel: encores qu'aucuns ayent voulu attribuer le droict d'aisnesse à Neptune, & l'election de ce regne superieur à Iupiter, pour certaines raisons sophistiques nullement necessaires à mon propos: auquel Neptune fut baillé la Mer pour son lot. Pluton fut apanagé de la Terre, cóme cadet: Et toutesfois il est estimé le plus riche des trois freres, à cause que dans ſon heritage naiſſent & renaiſſent cõtinuellemẽt tous les treſors du monde: & ſemble qu'il ayt rẽdu ſes deux freres tributaires vers luy de ce qu'ils ont de plus exquis. Ils le diſent Roy des enfers, & pour ſon lieu de plaiſance luy donnent les champs Eliſees, où les eſleuz & bien-heureux luy vont faire la court. Nos Theologiens veulẽt auſſi qu'en ce meſme lieu ſoient les enfers, & les tourments des ames : ſe perſuadant qu'eſtant bien veritable que les influẽces de tous les aſtres qui ſont de nature ignee y tombent, il y doiue auoir vne ardeur incroyable. L'on peut ſans doute appeller ce lieu infernal, puis qu'il n'y a riẽ de plus bas: Mais que les ames y ſoient tourmentees par ce feu, & que l'ardeur d'iceluy ſoit ou puiſſe eſtre telle qu'ils diſent, cela ſemble eſloigné de la raiſon , & des vrays axiomes de Philoſophie. Car, outre que les ames n'occupent aucun lieu, par leur confession mesme, & que leur naturel apres qu'elles ont quitté le fardeau de leurs corps est de tendre & se porter en haut, à cause de leur legereté spirituelle, qui tient plus de la qualité ignee que de toute autre ; elles ne peuuent qu'auec violence, ny comme legeres estre demergees en ce lieu souſterrain, ny comme simples patir l'action du feu qui n'a point d'empire sur son semblable. Pourquoy veulent ils dõc qu'elles descendent en ce lieu pour y estre tourmentees ? si ce n'est que le pesant fardeau du peché dont elles sont enueloppees, deprimant leur nature les porte en bas & face descendre au centre de la terre : & que le mesme peché encore s'estant emparé & comme incorporé auec elles il se face ie ne sçay quelle composition qui les rende passibles & subiettes, non à l'action ſimple & naturelle de ce feu, mais peut eſtre à la violence d'vn autre feu creé de Dieu à cet effect: & peut eſtre de ce feu meſme dont nous parlons, ſon action luy eſtant redoublee par vne ſecrete & vertu diuine: ce qui eſt fort probable, & ſẽble eſtre authoriſé de l'eſcriture ſainte: Toutefois ie ne veux temerairemẽt faire opinion à part; non plus que m'eſcarter de la foy orthodoxe; au ſouſtien de laquelle i'ay de long temps voué ma vie, & le peu d'induſtrie que je tiens du Ciel. Ie diray neantmoins en paſſant (pour ne m'eſloigner de mon premier diſcours) que c'eſt mal conclud de dire, que puiſqu'en ce lieu s'aſſemblent toutes les influences des Aſtres, il s'enſuit qu'il y doit auoir vne ardeur extreſme, ce qu'à la verité ie confeſſerois ſi le feu des Aſtres eſtoit ainſi que le vulgaire, deſtruiſant & conſommant, non pas viuifiant, conseruant, & nourrissant: car s'il estoit tel qu'on le croit, il y a long temps que non seulement la terre, mais l'vniuers fust consommé. Ces influences veritablement s'eschauffent dans le sein du vieil Demogorgõ; Mais c'est d'vne ardeur vitale, & non mortelle, ou destruisante. Laquelle y plante vne vertu omniforme, qui par cet eschauffement se dilatte par tout le corps terrestre, estant la premiere cause motrice des generations. Et ne faut penser que la chaleur externe qui prouient du Soleil eschauffe seule la terre, & la face engendrer: car nous voyons qu'en hyuer, alors que le Soleil est le plus esloigné de nous, le dedans d'icelle est plus chaud qu'au plus ardent de l'esté, comme il s'experimente és puits, fontaines, & caues profondes. De sorte que pendant les plus fortes gelees de l'hyuer, les metaux ne laissent à se cuire & endurcir; Et peut on asseurer que c'est lors que se faict leur plus grande cuisson, à cause que la chaleur centralle est reprimee & retenue dans la terre par la froideur de l'air & de l'eau qui l'enuironnent. Le Soleil remontant au printemps, & s'approchant de son perpendicule sur nous, n'est pas la principale cause de la vegetation des choses : Car si elle dependoit de luy seul, aucun ne doutera que plus il seroit haut & exalté, les vegetations s'iroient augmẽtant à proportiõ de la chaleur croissante: ce qui se void tout au contraire. Mais pource qu'vn semblable attire volontiers l'autre, & que l'vn s'esloignãt l'autre se recule & depart aussi, le Soleil par la force aymẽtine de ses rayõs atire & r'appelle la chaleur du Soleil cẽtrique, retiree & cõprimee en l'interieur de la terre par l'aspre rigueur du froid, laquelle remõtãt à la superficie redõne la vertu vegetatiue à toutes choses. Ce n'est dõc pas l'externe chaleur du Soleil celeste qui eschauffe le profond de la terre, mais bien celle du Soleil terrestre innee en elle : car il y a deux sortes de chaleur: l'vne de reuerberation, qui est l'externe ; l'autre d'influence & penetration, qui est l'interne, dont i'entens parler : Le naturel de laquelle est de viuifier, augmenter, & conseruer , par l'entretien de l'humeur radicale contenue en ce feu duquel i'ay fait mention au precedent chapitre. Qui plus est, pour verifier que ce feu central n'est point extresme, ny propre à tourmẽter & brusler; nous voyõs que tous les astres par leurs influctions ne tendent pas à chaleur, & que ce n'est pas leur seul naturel d'eschauffer , car Saturne est froid & sec: Iupiter chaud & humide : Mars, chaud & sec : le Soleil chaud & sec: Venus froid & humide ; la Lune humide & froide: & Mercure tenant du naturel de tous, s'accommode variablement à tous. C'est donc chose facile à iuger que toutes ces influences engendrent vne chaleur temperee des quatre qualitez, qui sont chauld, sec, froid, & humide. Lesquelles conuenant ensemble, il est necessaire que le lieu où elles conuiennent les ayt en luy auec cette temperature. C'est pourquoy cette vapeur ou esprit qui prouient de ce centre participe de ces quatre. D'où prennent leur origine toutes les qualitez des simples; dōt les vns eschauffent parce que la chaleur y domine: les autres desseichēt à raisō de la siccité qui maistrise; les autres humectent & refroidissent selon le plus ou le moins de froideur & humidité qui abonde en eux. D'autre part, les Astres versent dans le centre plusieurs autres natures ou qualitez que celles-là, car ils y sement les germes des saueurs, couleurs, & odeurs que l'ō gouste, void, & sent en toutes choses. Ie dy dōc que les Astres eschauffent la terre en son centre ; & par consequent cet Esprit originel qui y habite participe à cet eschauffement. Et parce, que la vertu naturelle de la chaleur est de separer ; par mesme influction descend aussi cette vertu separatiue, qui diuise le pur d l'impur, le subtil du grossier, le leger du pesant, & le doux de l'amer. Laquelle separation, qu'on peut nommer purgatiue, est cause que naturellement toute chose reiette d'elle mesme les excrements qui ne sont de sa substance specifique : ce qui à la verité est tres-necessaire : car il n'y a rien au monde en qui les excrements n'excedent la substance naturelle. Et tout ce que nous voyons & touchons n'est autre chose que l'excrement qui enueloppe cette substance cachee. Nous

l'apperceuons

l'apperceuons clairement aux viandes que nous mangeons? la masse desquelles ne se conuertit ou trans-substancie pas en nostre chair, mais s'esuacue par les lieux à ce destinez ; Nature attirant seulement d'icelles le suc inuisible & spirituel, apte à se carnifier & substancier en nous. De mesme pouuōs nous dire que cette masse terrestre que nous foulons des pieds n'est qu'vn excrement de la premiere substance, qui s'amassa dans le limbe du cahos; s'affaissant & enfonçant à l'entour du centre par egalle proportion : qui a causé cette rondeur spherique, auec la substance equilibre , qui fait qu'elle ne peut remuer ny tomber, car estant ja deualee au plus bas lieu , elle ne sçauroit passer outre qu'en remontant, de quelque costé que ce soit: & cela repugneroit totalemẽt à son naturel. Nous voyons que les lignes qui de chacune partie de la superficie d'vn cercle tombent à son centre qui est leur poinct, n'en peuuent estre tirees sans remonter d'où elles sont parties. Ie ne dy pas qu'au corps de la terre il n'y ait rien qu'excrement; car jaçoit qu'il apparoisse tout excrementel, si est-ce qu'ẽ ses excremẽs est enueloppee vne substance pure; qui toute spirituelle ne peut substanter sans l'administration d'vn corps: ainsi que nous voyons en toutes les choses qui en prouiennent, dont la semence & premiere matiere est inuisible; mais est portee & conduitte par la masse corporelle qui s'engendre mesme auec elle, par ce que rien ne se corporifie sans l'excrement. Parquoy aux generations des choses cette substance est separee du corps de la terre par l'operation de la chaleur influee; ne prenant ny retenãt rien d'icelle terre: mais s'en aydant seulement à son soustien. Laquelle n'a seruy dés le commencement sinon d'vn receptacle & magasin des influences celestes; ou pour mieux dire qu'vn vaisseau ou cette matiere spirituelle fait ses operations: cóme il sera plus clairemét traitté auec demonstration euidente au chapitre suyuant, ou je parleray des separations. Or seroit-ce peu fait de separer les choses, si apres la separation elles demeuroient inutiles & sans actió. Le but auquel tend Nature est de viuifier en separant, afin d'euiter la mort qui ne vient d'ailleurs que de l'abondance des excremens qui suffocquent la pure & naturelle substance: j'entens la mort naturelle, & non la violante & forcee. Que si les semences des choses demeuroient tousiours enseuelies en cette terre excrementeuse, rien ne sortiroit en lumiere, & ne receuroit le benefice de la vie. Mais la vertu du Ciel par son influence vitale les tire dehors en l'esprit primitif, qui remply d'icelle la depart & dilatte en toutes especes & chacune d'icelles, selon que leur nature & composition le requiert. La viuification prouient donc de la purification que font les Astres en influant: auec laquelle decoule aussi vne vertu d'augmentation & restauration. Car estant en continuel mouuement ils sont aussi en continuelle action d'influer; & par consequent en perpetuelle viuification: incessamment adioustant vie à vie. Ce qui ne se peut faire que l'augmentation ne s'en ensuiue, auec la conseruation & restauration: L'vne par l'indeficient entretien de la vie; l'autre par le refournissement infiny de ce qui s'employe & depart aux generatiõs des especes: cõme il se void appertemẽt en cette premiere matiere corporifiee; laquelle engrossie par l'impregnation celeste se nourrit, multiplie & accroist de soy mesme, par vne viue source d'aliment & accroissemét qui flue inepuisable. Qui est la cause qu'elle est nommee dragon ou serpẽt luxuriant en soy mesme: Tousiours renaissant & germinant comme les vegetables, en quelque lieu qu'il soit. De sorte que tout endroict & place qui en aura esté vne fois peuplee, n'en sera iamais despourueue, quelque lauemẽt ou bruslemẽt que l'on en puisse faire. Et voyla certainement vne des marques plus insignes auec laquelle on puisse dicerner cette matiere premiere. Ce sont donc icy les principalles vertus que cet esprit vniuersel receut des influences celestes dés le commẽcement du monde, & receura iusqu'a la fin: produisant tousiours des effects merueilleux en tous les membres de ce grand corps vniuersel. Mais on me pourroit demander pourquoy cette premiere matiere que j'ay dit auoir receu du Ciel tant de pures & vertueuses influences, est ordinairement trouuee farcie de tant de vicieuses qualitez ? & comment les retient elle apres les auoir receuës, veu qu'elle est sans cesse en besongne aux actions de separation, viuification, augmẽtation, cõseruation, & restauration ? car si elle ne separe, il est necessaire qu'elle mortifie. Et si elle n'augmẽte, cõserue & restaure, il faut bien qu'elle diminue, destruise, & affoiblisse : ce qu'a vray dire elle ne fait iamais. Ie respondray que les Astres ont double influence; L'vne naturelle, L'autre accidentelle. La naturelle est celle qui est innee en eux, & leur fut donnee dés la creation, qui est ce gouuernemẽt de l'vniuers dõt parle Hermes au Pimandre, par lequel ils l'entretiennent en son estre, le gardant & conseruant par leurs vertus de destruction, decadence, & aneantissement des vertus de cette influence, dont l'Esprit de l'vniuers est incessamment fourny & doüé, comme nous voyons; lequel les applique & fait voir en toutes choses ausquelles il donne accroissement & subsistance. Mais l'accidentelle est celle qui leur suruient outre leur nature par les occurrances de leurs situations & regards: Et celle cy châge à toute heure, de sorte qu'elle n'est iamais semblable: & n'a puissâce que sur les effects de la matiere, & nô sur la matiere mesme. Car quelque maligne influence qui arriue, nous voyons que la terre en son centre ne laisse pas à deuëment faire ses operations, & sans cesse produire animaux, vegetaux, & mineraux. Que s'il arriue quelquefois des mortifications, cela procedde seulement de la malice de l'aspect qui ne touche que la superficie des corps, c'est à dire la masse excrementeuse, & non pas la substance interieure, qui est la chose mesme. Et de vray cet accident se change : tellemét que cette influction opere tantost vne chose, & tantost vne autre toute contraire : Ce que ne fait iamais la naturelle & principalle, qui demeure fixe & permanente en son poinct. De la se doit tirer vne conclusion que la matiere premiere comme simple de soy ne reçoit sinon les vertus celestes, qu'elle reçoit & garde encore en sa terrification. Or il faut declarer cóme elle les retient; afin de prouuer ce que dit Hermes, que sa force demeure entiere estant conuertie ou muee en terre ; d'autant que toutes les vertus celestes descendent & conuiennent au centre de la terre : & que leurs cours ne tédent sinon à l'information de la matiere qui est comme vn receptacle des

Idees supresmes. Cette matiere mesme estant pleine de formes, nõ actuellement, mais par possibilité, se diuersific par innumerables specifications. Ainsi n'est elle pas proprement corps, mais quasi corps; & continuelle compagne des corps, que toujours elle appette par vn desir d'information vers laquelle sans repos elle se meut & achemine. Laquelle motion & acheminement luy arriue par l'action du feu celleste que i'ay cydeuant dit estre le premier moteur dans le Cahos. Ce que les anciens poëtes comme Orphee, & Hesiode ont descrit sous le nom d'amour, & que l'Homere & Pindare François, Ronsard, a diuinement chanté en cette inimitable stance.

Je suis Amour le grãd maistre des Dieux,
Je suis celuy qui fait mouuoir les Cieux,
Je suis celuy qui gouuerne le monde:
Qui le premier hors de la masse eclos,

Donnay lumiere, & fendy le cahos,
Dont fut basty cette machine ronde.

Puis donc que cette matiere de son propre naturel & desir tend à se corporifier, qui pourra dire auec raison vallable qu'en se corporifiant nature la despouille & priue des vertus mesmes qui causent sa corporification? Et puisque venant à prendre corps elle se conuertit premierement & prochainement en terre; Qui voudra nier que cette terre ne soit doüee de ses mesmes vertus? Car iaçoit qu'à cause de la commixtion & concurrance des elements elle ayt quelques impuritez, si est-ce qu'ē son profond elle est toujours tres-pure: de sorte qu'apres sa purificatiō le plus puissant & actif de tous les elements, qui est le feu, n'y a plus de puissance destructiue, car elle le surpasse en perfection & subtilité. C'est pourquoy elle penetre si promptement tous corps;les viuifiant & augmentant en force:restaurãt & conseruant en eux ce qu'elle y trouue estre de sa nature, assauoir l'humide radical; que par sa subtilité ignee elle purge& separe des excrements qui l'enuelоppent &taschent à le suffoquer. C'est en vn mot cette excellente medecine que Salomon dit estre tiree de la terre, & que l'homme prudent ne desdaignera point. C'est encore le sel precieux auquel ce grand Docteur des Docteurs compara ses Apostres, comme au tresor plus exquis que les Cieux ayent produit. Car il eust aussi tost dit vous estes les diamẽts, les rubis, les perles, l'or où l'argent de la terre, s'il n'eust bien sceu que toutes ces choses, quoy qu'admirables, n'ont rien en elles de comparable à ce sel general : auquel seul elles doiuent l'hommage de leur glorieuse perfection. Cette medecine opere comme le feu en consommant l'impur qu'elle separe du pur, par vn banissement perpetuel des parties Etherogenes;& vne adoption des Homogenes. Le Ciel ayant donc engendré cette vierge dans la matrice de la terre, elle a iustement retenu les vertus de ses parents. Et comme l'enfant qui est naturellement participant des humeurs de ses pere & mere, par la commixion de leurs semences, ayt esté des sages anciens apellé d'vn nom proprement composé des noms de ses deux geniteurs, assauoir Androgine; que les poëtes ont dit Hermaphrodite: par ce qu'il ne pouuoit encore estre apellé homme n'y femme, estant incapable de produire les effects de l'vn n'y de l'autre: aussi est il conuenable d'attribuer à cette vierge le nom d'Vranogee, où Ciel terrifié, puis qu'estant terre elle à neantmoins en soy, par leurs vertus, tous les Cieux enclos & ioints d'vn lien indissoluble : desquels elle fait voir les operations admirables. Dont toutesfois i'ay desia fait icy vne sufisãte ouuerture à ceux qui par la lumiere de leur noble intellect pourrõt trauerser la sõbre espaisseur de la forest noire: & comme dit Virgile, ausquels sera donné d'enhaut d'entrer dans les obscurs cachots de la terre.

De la separation du feu d'auec la terre: du subtil d'auec l'espais, & par quelle industrie elle se doit faire.

CHAPITRE III.

LA nature tres-sage ouuriere nous enseigne par ses operations propres que nous deuons en toutes choses considerer la fin où nous desirons paruenir; & par où nous deuons commencer nos ouurages. Pour cette cause le prudent inquisiteur des secrets naturels doit auoir vraye cognoissance des principes, progrez, & qualitez, tant internes qu'externes de la matiere; afin que pretendant accomplir quelque excellent œuure il ne confonde la fin auec le commancement, & par regimes fantastiques & sentiers inconus il ne s'esgare & s'esloigne du grand, plain, & droit chemin que Nature à tracé dés le premier proiect & fondement du monde. Le diuin Hermes à bien sceu tenir cette voye par la cognoissance parfaite qu'il auoit de la constitution de l'vniuers: & voulant par Art ensuiure les vestiges & traces naturelles s'imagina tres-prudemment que la terre est le principe de toutes choses: & la premiere qui fut creée par separation dedans le ventre du cahos. C'est pourquoy il entra ainsi discretement au sacraire des arcanes naturels par la terrification de cette matiere premiere, que j'ay dit cydeuant estre nourrie dans la matrice de la terre. Mais comme ce n'est pas assez à vn Architecte d'auoir les materiaux d'vn edifice, s'il n'a la science de bastir & les mettre en œuure : Hermes ne se contenta pas aussi d'estre pourueu de la matiere cõuenable, mais il recercha & apprit soingneusemẽt les moyens de la mettre en œuure, à l'imitatiõ du grãd Phisicien en la confection du monde : creant d'icelle vn petit monde auquel il sceut enclore toutes les vertus du grand, duquel, & sur le patron duquel il l'auroit pris & façonné. Considerant donc que ce qu'il vouloit faire estoit vne chose tres-parfaicte, & que pour paruenir à telle perfection il falloit commencer par les choses basses & encore grossieres, c'est à dire par la separation de ce qui estoit superflu & nuisible à son œuure : il voulut premierement diuiser les Natures contraires, pour euiter la ruyne d'icelle. En quoy veritablement on peut dire qu'il prit l'oyseau par le pied, suyuant l'adage: & feit son entree par la vraye porte & allee qui conduit droictement au cabinet des secrets de Nature. Car separation est le commencement de toutes choses, & la premiere operation qui distingua les membres cõfus du corps vniuersel. Par la diuision des diformes amas du cahos commença premierement à s'esclaircir & arranger l'ordre & forme des elements: car sans cette separation le iour & la nuit, le Soleil & la Lune, l'Hiuer & l'Esté, seroient encore vne mesme chose à present: Les Metaux, & mineraux tant diuersifiez, n'auroient qu'vn mesme corps : Et tous

tous les vegetaux vne mesme semence. Il fut donc necessaire que Nature commençast ce bel ordre & distinction que nous voyons embellir l'vniuers par l'œuure de la separation. Mais descendant aux choses particulieres, considerons que cette sçauāte ouuriere commence par là tous ses labeurs. Les generations ne se commencent ny acheuent que par separation: & par separation les aliments augmentent & maintiennent tous corps. Que si ie voulois m'estendre en la preuue de cette verité par chacune des especes, ie m'enuelopperois en la confusion du mesme Cahos d'où ie ne sortirois iamais pour l'infinité des exemples qui s'offriroient à moy. Ie poseray donc ce premier fondement, que nature commence toutes ses besongnes par la separation. Mais comme ce n'est pas assez de sçauoir cela si nous ne sçauons aussi qu'elles choses elle separe,& d'où vient cette vertu separatiue:il faut examiner cette matiere afin que mon discours marche reglément & par ordre. Toutesfois auant qu'entrer en cette lice il me semble à propos de difinir cette separation,& declarer combien il y en à de sortes. Or separation en general n'est autre chose que diuision & distinction des choses dissemblables; comme du ciel d'auec la terre; du Soleil d'auec la Lune ; & autres choses que i'ay desia dittes. Comme aussi du pur d'auec l'impur,du chault d'auec le froid, du sec d'auec l'humide. Et de cette difinition ie tireray deux sortes ou especes de separations. La premiere sera des choses simplement differẽtes & non contraires, comme des parties du monde qui furent separees du premier cahos. Ou bien pour descendre aux particularitez,comme du bois d'auec l'escorce, des feuilles d'auec le fruict, de la racine d'auec les branches: Et cette espece sera simplement appellee distinction, parce qu'a la verité ces parties ne sont pas diuisees ny retrãchees l'vne de l'autre: soit que nous considerions les principaux membres du monde, ou bien les particularitez, car, encore que la terre & les Cieux semblent separez à cause de leur situation, assauoir du haut & du bas, si est-ce pourtant qu'ils ne sont retranchez l'vn de l'autre, y ayant vne perpetuelle connection & alliance entr'eux, Ainsi que l'on peut recueillir de plusieurs endroicts de ce liure. C'est pourquoy Homere non moins admirable en Philosophie qu'en poësie à dit que la terre estoit attachee au Ciel auec vne chaisne d'or. D'ailleurs, suiuant l'exemple que i'ay nagueres baillé, les feuilles & le fruict, le bois & l'escorce, les branches & la racine, ne sont pas separees & diuisees comme contraires, mais bien sont distinguees chacune en son ornement & endroict : ayant neantmoins certaine parentelle & liaison, sans que l'vn occupe l'autre, mais s'accordent, s'aydent, & supportent l'vn l'autre. La seconde especé de separation est le desassemblement ou desliement des choses totallement estranges, contraires & superflues : qui n'ont aucune connexion de nature auec la substance des choses : comme l'impur d'auec le pur, le froid d'auec le chaud, le grossier d'auec le subtil, & choses semblables. Non pas que ie veuille dire ces choses ne pouuoir estre ensemble, mais que leur assemblement & meslange cause par leur diuersité la destruction, ou du moins empesche l'action des vertus naturelles innees en la pure substance. Et cette maniere de separation doit proprement estre ditte diuision ou retranchement, lequel Nature pratique en toutes ses productions, afin de rendre libres ses propres actions & vertus en chacune chose. La premiere est donc seulement comme vne distinction des parties vrayement dissemblables en situation & figure, mais toutefois homogenes en substance & vertu. Car c'est vne chose certaine que le bois, l'escorce & tout ce qui est de l'arbre, participe à cette vertu innee qui luy est proprement particuliere, mais generalle à toutes ses parties. Quant est des autres subalternes, il y en peut auoir de dissemblables, c'est à dire, qui reçoiuent plus ou moins de substance, mais non pas de contraires: car vn mesme effect ne produit point choses diametralles en vne seule matiere : comme d'vne plante salutaire ne peut sortir vne vertu veneneuſe, encore qu'elle ſoit ſalutaire à vn corps & mortelle à vn autre; ainſi que le veraſtre qui nourrit & engraiſſe les cailles, & tue l'homme : ne pouuant pourtant exercer ces contraires vertus en vn meſme ſubiect. C'eſt à dire que le veraſtre ne peut nourrir & tuer la caille, ny empoiſonner & nourrir l'homme tout enſemble. La vertu propre à la plante eſt donc en toute la plante; & chacune des parties de la plante eſt veritablement diſſemblable en ſituation & figure, mais non pas contraire en vertu ny ſubſtance; car la fueille & le fruit ſont de la ſubſtance de la plante, & ont plus ou moins les vertus d'icelle. On me voudra peut eſtre obiecter que les choux produiſent deux effects diuers, ſelon l'opinion vulgaire, qui eſtime que leur ius laſche le ventre, & leur marc le reſerre. A quoy ie reſpondray que ſi c'est le propre de la substance de ceste plante de lascher il est impossible que restriction en prouienne : car à dire verité le marc n'est pas de la substance comme il s'esprouue assez en la digestion de l'estomach qui prend bien la substance du chou par aliment ; mais il reiette la masse comme excrementeuse, & qui n'a aucune vertu nutritiue, laquelle vertu est toute en la substance & en chacune partie d'icelle. Car la substance à cette proprieté qu'elle ne reçoit en elle aucune cótrarieté , mais seulement le plus ou le moins: Ce que i'entends des actions & vertus d'icelle, non pas de l'essence. Pour exemple dequoy on peut dire qu'vn homme en chacune partie de l'homme n'est point plus ou moins homme qu'vn autre; mais bien voyõs nous que les vertus & actions d'homme sont plus excellentes & puissantes en l'vn qu'en l'autre; & en ce membre icy qu'en cetuy là. Le semblable est aux simples dont nous voyons les parties plus ou moins chaudes ou froides, seiches ou humides l'vne que l'autre: ce que leurs couleurs & saueurs denottent, toutefois il n'y a aucune contrarieté en ces choses ; car nous ne trouuons point qu'vne partie d'vne plante tue ny empoisonne par trop de froideur, & que l'autre guarisse par trop de chaleur : mais bien trouuons nous par experience que les fleurs & cimes des branches sont plus subtilles en action & vertu que le tronc ou les parties plus basses: d'autant que le propre du plus pur de la substance est de s'esleuer au plus haut : & le moins pur de demeurer plus pres des excremẽts aux parties inferieures. Ce que Nature a voulu practiquer pour deux raisons, l'vne pour orner & embellir la plante par la varieté de ses digestions : l'autre pour dőner aux humains, voire à tous animaux, ce qui plus ou moins leur faisoit besoin pour la conseruatió de leur estre: se montrant en cela tres-soigneuse mere, qui prepare toutes choses necessaires & propres, chacune selon son degré, autāt que son industrie & puissance le luy permet, car elle ne passe iamais outre vne simple perfection: comme aux herbes les fleurs & les semences sont les plus parfaittes parties qu'elle ait sceu elabourer. Lesquelles par apres l'art commēçant ou la Nature a finy sont par luy conduittes à plus haut degré de perfection, par le mesme chemin que tient Nature: sçauoir est par la separation: comme il sera dit cy apres. Nature donc par cette premiere sorte de separatió ne fait que distinguer les choses pour ornement du subiect, & vtilité des animaux, ou autres parties du monde, entre lesquelles elle a semé & planté vne alliance & parentelle reciproque, de sorte que toutes s'entreseruent & secourent selon leur naturel & simpathie. Mais la secóde maniere de separation est differente, car par icelle Nature, ou l'art à son imitation, diuise ou retranche les choses cõtraires; c'est à dire qu'elle distrait de la substance tout ce qui n'est point de son essence, ains plustost luy est ennemy, estant toutesfois auec elle, encore qu'il ne soit point d'elle: comme le pur d'auec l'impur, le subtil d'auec le grossier, la substáce d'auec l'excremét. Cette seconde sorte de separation se fait aussi pour deux causes, ainsi que la precedente. L'vne pour preseruer la pure substance de corruption & de mort; l'autre pour rendre ses vertus & actions plus libres en la despoüillát de toute feculance grossiere. Car la chose impure qui enueloppe le pur de la substance & se mesle parmy, ne cesse de la quereller & combatre iusqu'à ce qu'elle l'aye surmontee & suffoquee, donnant entree & accés à la corruption mortelle qui ne s'attache iamais aux choses simples & pures, ains seulement aux ordes & composees. Toute substance donc est simp'e & pure de soy mesme, & par consequent non subiette à corruptió ny à mort: comme nous le voyons aux choses superieures esloignees de tous excrements. Mais les inferieures ne sont pas ainsi, car elles habitent au milieu des lies impures du monde desquelles le naturel est de destruire & mortifier: comme celuy de la pureté est de viuifier & conseruer. Les corruptions & mortifications viénent és hommes par les lies du móde, dans lesquelles ils viuent vne courte & penible vie pleine d'ennuys & de languissantes maladies, ne plus ne moins qu'vn criminel enclos dedans vne orde & obscure chartre, où il transit entre la mort & l'esperance, parmy l'infection & la vermine, repeu du rebut des viandes gastees & malnettes. Car tous aliments sont impurs, & portent auec eux les bourreaux de la vie, assauoir les venins cachez desquels en fin la mort nous assassine en trahison par nos propres mains, & de nostre consentement ; n'ayant en eux qu'vne si petite quantité de substance viuifiante & nourrissante, & encore si fort embarrassee & infectee des excrements, que la digestion de l'estomach la peut malaisément attirér seule. Ces venins entrant & penetrant donc dans les corps auec la substance, ils ne cessent de s'y accroistre & amonceler, iusques à tant qu'ils ayẽt offusqué, voire esteint la lumiere de la vie, & maistrisé l'actiõ legitime de Nature, qui est la viuification, si par la medecine & separation ils n'estoient empeschez & retréchez. Ce sont donc les excrements qui causent la corruption, laquelle nous vient de deux sortes. La premiere, de la semence des parents, qui mal sains & corrompus produisent vne semence impure & corrompue, qui s'empire de race en race. Et qui toutefois est subiette à la correction des medicaments, qui arrestent le cours de ceste corruption actiue tendante à mortification. C'est propremét ce maudit Satan qui circuit le monde, cherchant incessammét à deuorer les pauures mõdains: Et pour cette cause il rode autour du globe terrestre, c'est à dire, autour des excremés du mõde qui ont leur principal siege en la terre; laquelle mesme vomit sa corruptió sur les autres elemés. Ainsi les hómes viuãs d'iceux & en iceux, sót corrompus en eux & par eux, & partãt ne peuuent auoir qu'vne semence corrompue, qui tousiours auec le temps se corrompt de plus en plus. Car nostre aage plus vicieux & desbordé que celuy de nos ayeuls, a fait de nous pire portee que celle de nos peres ; comme il en sortira de nous vne plus deprauee; qui en fera quelqu'autre capable de la surpasser encore en ses debordements. L'autre source de corruption prent sa naissance des aliments abondamment excrementeux, par lesquels les corps sōt infectez; de sorte que cette infection glisse de pere en fils, comme nous voyons en la lepre, & autres maladies hereditaires. Or ces aliments acquierent cette corruption du lieu de leur generation. Car apres que le souuerain auteur de toutes choses eut disposé la confusion qui estoit dedans le cahos, il feit que les choses superieutes demeurerent pures & subtiles, & les inferieures ordes & grossieres: d'autant que le naturel des substances est de s'esleuer vers le lieu de leur origine; & celuy des excrements de s'affaisser & rabattre vers le centre. De là vient que le pur qui est dans les animaux & vegetaux s'esleue & recherche le haut, les faisant esleuer & croistre iusques à ce qu'il soit deliuré des masses excremẽteuses qui l'engluent & attachent à la corruption mortelle, & qu'il puisse atteindre le lieu ou il en soit plus esloigné, afin d'y viure sans alteration ny deffaillance. De là vient que les creatures plus spirituelles & subtiles habitent les lieux hautains comme plus espurez, & viuent d'aliments conuenables & pareils à leur naturelle substãce. Mais celles qui sont plus corporelles habitent les bas lieux, & demeurent parmy les feces & immondices qui ont leur siege és lieux inferieurs: c'est pourquoy elles sont infectees & gastees, viuant de ce qui est embrouillé & meslé parmy les lies du monde. Car tout ce que la terre & les autres elements (qui sont les receptacles de ces impuritez) peuuent produire, est corrompu & souillé, engendrant par consequent corruption & souillure en tout ce qui en est alimenté: au moyen dequoy le sãg acquiert vne mauuaise dispositió, qui cause la malignité des humeurs, aux vns plus, aux autres moins, selon la portee de l'inquinament des parents, & la quantité abusiue de l'vsage des choses corruptibles desquelles procede la cause de la destruction & mortalité. Car si la terre & ce qu'elle engendre estoient aussi remplis de pureté que le Ciel, tous les animaux viuroient de la mesme vie que viuent les hostes celestes. Mais Nature a establi ceste loy necessaire

cessaire que ce qui tient plus du corps habite autour de ce qui est plus corporel: & ce qui est plus corruptible & souillé, autour de ce qui luy ressemble. Or la terre est le plus bas de tous les corps, & partant la plus grossiere & corruptible. Rien ne peut donc sortir d'elle qui ne luy soit semblable, si l'art de la separation interuenãt n'oste cette corruption & impurité, tirant ce qu'il y a de pure substance dans les corps: ce que le vray Philosophe peut faire auec industrie. Ie n'ay & n'auray iamais aucun dessein d'offẽser les Medecins, qu'au contraire i'honore ainsi qu'il est ordonné; Mais ie m'estonne, auec beaucoup de gens doctes, du peu de soing qu'ils ont de porter les Apoticaires à vne plus vtile curiosité en la preparation de leurs medicaments, puis qu'ils se trouuẽt si souuẽt frustrez du succés esperé de leur vulgaire procedure: car ils veulent guarir & restaurer les corps malades & debilitez, leur brassant quãtité de breuuages esquels il y a tant de feces impures & grossieres, que le peu de substance en qui gist la vertu aydante, est submergé dans le venin, & n'a pouuoir d'agir contre le mal; ny la Nature de luy ayder à cette action; parce qu'elle mesme est trauaillee en ce conflict, autant ou plus par l'impurité du remede que par la maladie. C'est donc vouloir combatre la corruption auec des armes corrompues & corrompantes: ce que i'estime estre impossible. Car, ainsi qu'a dit le Petrarque, iamais les fleuues ne se sont taris par les pluyes; ny le feu esteint par les flames. Le corruptible adioint au corruptible augmente la corruption. Ils taschent aussi de restaurer le malade debillité en le nourrissant d'aliments qu'ils tiennẽt de plus facile digestiõ &

moins impurs ou subiets à corruptiõ: mais ils ne cõsiderẽt pas qu'ils auãcent fort peu; & que les alimẽts quelque electiõ qu'ils en façẽt ne peuuẽt profiter, dautãt que n'ayãt aucune actiõ ny force destructiue capable d'exterminer ou amoindrir la cause du mal, ils seruẽt seulemẽt d'vn debile soustien à la miserable vie trebuschante de foiblesse, qui pour cela ne laisse pas à expirer; si Nature ne fait d'elle mesme quelque effort, & se reuolte contre ses ennemis pour la contregarder de leurs mortelles atteintes: ou bien qu'elle en soit garantie par medicaments exquis, elabourez par industrieux artifice à pureté & perfection surnaturelle: l'incorruption & vertu desquels restablisse sa pristine vigueur, & par mesme moyen desracine l'origine de la maladie. Car tout vray medicament doit faire ces deux operations de purger & restaurer tout ensemble. En quoy gist tout l'art de la medecine : bien qu'aujourd'huy la moindre de ces deux parties soit en vsage, assauoir la purgation : & que la plus excellēte, qui est la restauration, soit abolie, ou negligee par paresse ou auidité. Qu'ainsi ne soit, void on quelques vns de leurs potions entrant au corps de l'homme faire autre effect que de lascher le ventre, & purger bien souuent, non pas ce qui cause la maladie, mais seulemēt quelques matieres excrementeuses qui ne touchent en rien le mal : & quelques fois par simples mal preparez, ou dispensez, & improprement adaptez, causer des euacuations superflues qui offencent auec peril la Nature ia offencee. Laquelle est eneruee, tant par le vuide qu'elle abhorre sur tout; que par le violent mouuement qui se fait en telles purgations, tendant plustost à tuer qu'à guarir. Laquelle violence de mouuemét elle ne deteste moins que le vuide ; car elle est impatiente aux assauts de ces deux ennemis iurez à sa destructió. Parquoy, la medecine vulgaire ne guarist guiere les maladies obstinees auec ses drogues communes preparees à l'ordinaire. Que si quelqu'vn entre plusieurs est guary, cela n'aduient par les pilules, bolus, ou breuuages; Mais par la vertu de Nature qui est encore suffisante pour vincre l'impure quantité meslee en tels remedes, & faire son profit de leur peu de substance. Ou bien que la force venefique de ces choses excrementeuses & corrompantes, poussee & rejettee par la Nature vigoureuse, attire & entraisne auec soy quelque portion de l'humeur peccante qui luy ressemble, & ce par atraction & simpathie. Ainsi tel medicament estráge trauaillant le corps esmeut la Nature, qui pareillemẽt troublee, & voulant resister à cet ennemy, reiette & combat violemment ce qui luy est nuisible & dõmageable. S'il faut que tout medicament soit conuenable & non contraire à la Nature, il faut necessairement qu'il soit repurgé de tous ces venins, qu'il n'a receu que de la masse excremẽteuse & corruptible. C'est pourquoy le vray medecin doit premieremẽt choisir les choses qui plus conuiennent & simpathisent au corps humain; & les purger de leurs impuritez: ou bien qui ayent naturellement en elles vne generalle vertu & purification innee & cachee en leur interieur. Laquelle purification ne se peut autrement faire que par la destruction & separation de l'impur nuisible; & la restauration du pur qui estoit suffoqué par les immondices. Mais parce que ce n'est point ma profession d'exercer la medecine, ny mon dessein d'en traitter icy d'auantage; n'en ayant dit ce peu que pour me desgager du destroit ou le vent de l'occasion m'auoit lancé; ie reprendray ma routte, & diray que puisqu'il n'y a rien aux choses basses qui ne soit infecté, enuelloppé, & comme enseuely dans la corruption des excrements & feces qui engendrent mortification, & empeschēt la liberté de la legitime substance, & de ses actions, il fallu que par necessité Nature ait pratiqué le remede des separations, qui se font par diuision & retranchement du pur d'auec l'impur, du subtil d'auec le grossier, & du salutaire d'auec le destruisant. Mais d'autant que cette admirable ouuriere fait telles operations en cachette, n'y trauaillant qu'au dedans des corps par secrette digestion, & sans iamais outrepasser cette perfection simple, iusques à laquelle est estendu son pouuoir, qui fait que les Elemẽts corporels ne peuuent conduire les corps où ils sont enclos au supresme degré de leur proprieté : les Philosophes se sont prudemment auisez de separer du tout cette substance d'auec la masse corrompante, & apres cette separation la mener par les sentiers de la Nature, qui sont les digestions & sublimations, au plus haut degré de pureté. Leur acquerant vne nouuelle forme par vn secõd engendrement, de maniere qu'ils ont osté aux choses toute leur premiere Nature, qualité & proprieté : Ayant pour mieux dire, changé ce qui estoit corps impur, en esprit plein de pureté: ce qui estoit humide & froid, en chaleur & seicheresse. Pratiquant cela non seulemẽt aux especes & simples: Mais aussi au grãd compost du monde; qui est nostre esprit vniuersel. Car si l'vniuerselle Nature des choses n'est renouuellee, il est impossible qu'elle paruiéne à l'estat d'incorruption & renouation. Regeneration est donc le premiere fruict que produit separation. Mais comme le grain ne peut rien engendrer de luy mesme s'il ne meurt & se pourrit dans la terre ; aussi n'est il possible que rien se renouuelle & regenere que par mortification precedente. La mortification est donc le premier eschelon pour monter à la separation, & l'vnique sentier pour y paruenir. Parce que tandis que les corps demeurent en leur vieille corruption & naissance, iamais la separation ne s'y peut entremettre, sinon que la mortification, c'est à dire, la putrefaction & dissolution, y ait passé. Ce que Iesus-Christ mesme a diuinement congnu & fait cognoistre, disãt que si à l'imitation du grain de fromẽt l'homme ne meurt, il ne peut acquerir la vie incorruptible. Non pas qu'il vueille dire que cette vie se doiue acquerir par la mort corporelle, car s'il estoit ainsi le meschant, scelerat, mourant auroit le mesme aduantage du iuste vertueux : Mais il entend qu'il faut que le vieil homme meure, c'est à dire, que l'homme mortifie & separe de luy la vieille corruption qu'il auoit attiree de la semẽce de nostre premier pere. Or cette corruption est proprement l'intemperance & excés aduenu par le mors de la pomme, depuis lequel l'homme n'a cessé de mourir, par ce que deslors la terre & tout ce qu'elle produit d'animaux commencerent à estre infectez du venin de ce trompeur serpent caché parmy les fruicts, c'est à dire les aliments, par la friandise desquels il aloche les pauures humains à s'en souler, & aualer le morceau deffendu auquel leur mort estoit cachee. Et le serpent est le corrupteur que ie nomme Satã, parce qu'il rampe sur la terre, & la circuit incessamment, se meslãt & glissant en elle, & ce qu'elle produit d'animaux, vegetaux, & mineraux, afin d'enpoisonner le monde, & introduire en l'homme la tyrannie de la mort. De cette intemperance & excés de viure est sortie la priuation de vertu, le vice n'estant proprement qu'vn banissement de iustice, & iustice rien plus qu'vn temperé desir & continuel progrés au bien. Il faut dõc que cette intemperãce & excés meurent en nous, d'autant qu'ils engendrent en l'homme toutes sortes de pechez, & l'esguillonnẽt à malice & meschanceté. C'est pourquoy il nous est commandé d'estre sobres ; euitant gourmandise & yurongnerie, geniteurs principaux des desirs charnels: Et que nous ieusnions afin d'alentir la pernicieuse vigueur des flames intestines qui meuuent nos sens, & allument nostre sang aux corruptions. Or est il bien reconu par ceux qui ont anathomisé l'homme, qu'il y a deux hommes en luy; l'vn celeste & immortel, l'autre terrestre& corruptible: l'vn qui est le captif, & l'autre la prison. Mais c'est vne grande question de sçauoir comment il se peut faire que le celeste enseuely dans ce gouffre infect & gasté y puisse conseruer sa pureté essencielle? Car on tient trescertain que la liqueur pour excellente qu'elle soit, perd ce qu'elle a de precieux au goust, ou à l'odeur, si elle est long temps enclose en vn vaisseau punais. Et que le plus sain homme du monde courra fortune d'estre infecté s'il habite dans vne maison pestiferee. L'homme celeste est bon & sincere de soy; Mais ioinct au terrestre, à qui l'impureté & les vices sont naturels, il est bien malaysé qu'il n'en soit entaché. La deprauation de cette pureté essencielle prouient sans doute du mors de cette pomme, qui est, à parler naïuement, l'intemperãce des alimẽts confits en pernicieuse & contagieuse corruption. A cette cause il est donc besoin de mortifier cette intemperance & corruption, pour rembarrer ce vieil destructeur de l'vn & de l'autre homme; & de regenerer par vne nouuelle vie ce qui approche de l'incorruption du pere celeste de l'homme. Or nostre restaurateur Iesus-Christ, nous a seulement enseigné deux moyens de regeneration, l'vn par l'eau du baptesme, l'autre par le feu du sainct Esprit. L'eau est celle qui laue les taches, le feu est celuy qui cõsomme & separe toutes impuritez d'auec la pure essence. Et tout ainsi que son precieux sang (qui est la vraye eau) purge les vices & sauue l'homme de la mort que la corruption mortelle du pere terrestre luy a procuree, L'eau dissout & purge aussi les lies & ordures excrementeuses qui engendrent corruption en toutes les substances. Le feu du sainct Esprit consomme & separe l'impurité excrementeuse des pechez: le feu semblablement diuise celle de la substãce des choses, laquelle à cette occasion doit estre mortifiee afin de se regenerer. Et cette mortification est la putrefaction & digestion qui la rendent plus apte à receuoir le benefice de separation. Cette mortification se fait en nous alors que le Soleil du sainct Esprit dardant ses diuins rayons autour du globe interieur de l'homme, qui est le cœur, ils l'eschauffent iusqu'au centre, & y consomment peu à peu les corrompantes affections du vieil Adam. Le feu chimique en la mesme sorte reuerberãt les pointes de ses flammes autour du corps qu'il veut purger, a cette vertu de brusler & aneantir ce qui y est d'impur & d'estrange nature, selon le plus ou le moins que cette impurité est rebelle & inobediente à dissolution & separation, qui puis apres s'accomplit par distillation. C'est donc le droict chemin que la nature tient aux regenerations de toutes choses, lesquelles n'auroient aucun effect louable en la medecine si elles ne renaissoient par le moyen du feu & de l'eau. C'est pourquoy apres leur seconde natiuité elles demeurent libres en leurs forces & actions, qui parauant estoient enfouyes dans la masse excrementeuse, & ne pouuoient exercer les fonctions vitales dont le Ciel par sa benigne influence les auoit enrichies, ne plus ne moins que l'homme estant encore emprisonné dans la chartre du vieil Adam ne peut produire aucun acte louable & vertueux. Mais auant que m'embarquer dauantage à desduire la practique de ces choses, ie reprendray l'ordre encommécé: assauoir qu'ayãt difiny la separation & combien il en est d'especes, ie declareray maintenant qu'elles sont, & d'où procedent les choses qui doiuent estre separees: & de qui vient la vertu separatiue. I'ay suffisammẽt aduerty les curieux qu'ẽ tout corps il y a deux parties, l'vne est l'excrement, & l'autre est la substance. L'vne qui est essentielle, l'autre qui est accidentelle. Or la substance simplemẽt cõsideree comme i'ay dit, est toute pure & sans corruption aucune: l'excrement au contraire totallement impur se meslãt auec la substance est ce qui la gaste & peruertit

peruertit sa pureté. La generation & formation de la substance a esté suffisamment esclaircie aux deux premiers chapitres de ce deuxiesme liure. Il reste maintenant à deschiffrer l'estre & les qualitez des excrements. Surquoy i'infere de ce qui a ia esté dit, que rien ne se doit separer sinon les excremẽts, posant ce fondement qu'il n'est rien au monde soubs-lunaire entre les choses passibles, qui soit vuide d'excrements. Car lors que Dieu separa les parties du monde, il se feit vn rauallemẽt & affaissemẽt de ce qui estoit plus grossier en la matiere premiere, comme plus pesant & moins subtil. Et de l'amas des feces qui s'assemblerent en bas autour du centre, se forma la terre pourueue de la vraye substance : mais confuse dans l'espaisseur grossiere d'icelle, apres que Phœbus eut tué le mõstrueux Pithon, enflé de l'humeur veneneuse qui s'estoit engendree parmy le limon terrestre. C'est à dire qu'apres que le sec inné eut beu l'humidité superflue par l'operation de la chaleur naturelle, la terre commença de sentir les actions de cette substance cachee dãs son sein. Laquelle substãce est cette matiere spiritueuse non iamais oisiue, mais incessammẽt empeschee a engẽdrer & viuifier. Laquelle proprement doit estre en cet endroict appellee terre, parce qu'elle est vrayement la propre & vertueuse substance de la terre, & celle seule qui engendre tous corps par sa propre corporification, selon les idees des indiuidus. Ce qu'autrefois i'ay despeint en l'Ode Pindarique dédiee au grand Duc d'Allençõ mon tres-honoré seigneur & maistre; de laquelle ie rapporteray icy quelques vers à ce propos.

L'esprit porté sur la face

De ceste indigeste masse,
L'enuironnant tout autour,
Feit separer la matiere
Pesante, de la legiere,
Et la noire nuict, du iour.
Puis de l'humeur amassee
Le corps plus pesant & froid
Feit la rondeur compassee
Que d'vn serrement estroit
L'eau ou l'air contrebalance
D'vn poids si ferme & egal
Que sans souffrir mesme mal
Ne peut choir en decadence.
Puis versant l'ame au dedans
Et les semences du monde,
La feit nourrisse feconde
Du Ciel & des feux ardens.

Or d'autant que de cette separation vniuerselle, ce qui estoit plus igné & subtil choisit le haut pour sõ siege; & ce qui estoit grossier & massif deuala bas pour s'y reposer; il aduint que les corps celeſtes eſloignez & ſeparez de toutes feces immondes reſterent immortels, s'eſtendant en rondeur, tãt parcequ'ils s'eſleuerent d'vn meſme vol dés le cõmencement, qu'a cauſe que le naturel des choſes eternelles deſire la forme ronde, qui eſt la ſeule forme indeficiẽte & accomplie. Il aduint d'autrepart que les groſſieres & terreſtres demeurerent ſubiectes à corruptiõ & à mort, pource qu'en la corruption ſe ioignit vn aſſemblement de choſes contraires, ſçauoir eſt des elemẽts differẽts en qualitez, cõme chaleur auec froideur & moitteur auec ſechereſſe. A quoy ſe meſla auſſi la commixtion de ces feces impures qui eſtoient proprement la lie de la premiere matiere vniuerſelle, qui d'elle meſme ne fut pas creée pure comme imaginẽt quelques vns, car tout ce qui en ſeroit ſorty & ſortiroit encore n'euſt onc eſté aſſeruy à la mort. Et qui plus est, aucune generation ne pourroit estre faite au monde inferieur, ny ayant point d'alteration ny mutation des formes, qui n'auroiét toutes qu'vne mesme face: sans distinction de haut ny de bas. Les choses demeureroient esgallement pures & subtiles, & par consequent priuees d'ornement: Voire à parler franchement il n'auroit esté fait aucune creation de la matiere ny du monde. Ce fut donc chose necessaire d'entremesler ces feces grossieres à la substãce subtile: Car ou il ny a que pureté il n'y peut auoir d'action, parce que rien ne peut agir sans patient; le pur n'ayant nul empire sur son semblable, ny l'impur sur son pareil. Or la Nature qui est en cõtinuelle action pour separer le pur d'auec l impur, à la conseruation de l'essence & accroissemẽt de la vie, a pour son vnique subiect cette substance entremeslee d'impuritez, laquelle retenant tousiours l'estat & le naturel de sa premiere creation, ne se nourrit, multiplie, & accroist, qu'auec nourriture multiplication, & accroissement de feces, qui luy sont non pas consubstăcielles, mais compagnes de naissance, ou sœur vterines. Qu'ainsi ne soit, ceux qui ont par diuine inspiration trouué le moyen d'extraire cette premiere matiere, & de la corporifier à l'imitation de nature, sçauent par experience quelque pureté, netteté, & clairté qu'elle semble auoir, si est elle accompagnee de force immondicitez terrestres, qui s'en tirent auec grande industrie. Dauantage il me semble auoir desia par preuues assez vallables fait connoistre que tout corps massif est alimenté & maintenu, non de cette terre visible excrementeuse, ains seulemẽt de cette matiere spiritueuse,

& nous voyõs pourtãt qu'ils sont tous pleins d'excrements: & que toute leur masse mesme n'est autre chose qu'excrement, auquel cette matiere spiritueuse propre à se corporifier est logee inuisiblement: car soit que nous mangions ou beuuions tout ce qui entre en nostre estomach en ressort par les cõduits à ce destinez, au mesme poids & quantité que nous les auons pris. Ce n'est donc pas de la masse que nous tirons l'huile de nostre vie, mais bien de ceste pure essence & substance cachee en son interieur. Bref, excrement n'est autre chose que l'impur domicile de cet esprit nourrissant, & comme vn chariot qui le porte aux lieux ou s'en doit faire la distribution pour y accomplir la separation & la digestion requise. Les arbres & les plantes n'ont elles pas vne masse excrementeuse incorporee en elles; & cette masse est elle pas le ſuport & conduitte de cet eſprit viuiſiant & vegetant qui les fait croiſtre?ie ne dy pas que tout ce qui eſt corporel en l'arbre ou autre indiuidu ſoit totallement excrement:car en chacun habite ie ne ſç'ay quelle partie des ſubſtances que ie ne puis bonnement appeller corps, mais ſeulement apte à ſe corporifier en quelque ſorte; ce que nature ne peut faire d'elle meſme. Car jaçoit que ce qui ſe void & touche ſoit veritablement engendré par la matiere corporifiable, ſi eſt-ce toutesfois que ce n'eſt point le corps ſubſtáciel,&n'apperçoit on riẽ qu'excrement. De ſorte que nature n'y fait iamais rien apparoiſtre de ce qui eſt l'eſſence de la vie,& la ſubſtance de la choſe;ou pour dire plus clairement ce qui eſt de la premiere & derniere matiere:Mais l'art dont l'induſtrie outrepaſſe le ſimple pouuoir de nature, le peut bien faire. Car l'ingenieux phisicien considere qu'encore qu'aux creations naturelles la spiritueuse matiere & substance des choses ne se trouue iamais pure, si est-ce qu'estant meslee parmy les feces, il s'ensuit qu'elle leur est etherogene & estrange, parce que nous la voyons separable aux digestions de l'estomac, qui reiette les excremens, & retient seulement la substance : non pas que cette separation tombe au sens de la veue, mais de l'intellect, par l'aparition des effects, lors que nous voyons les feces separees & reiettees à part côme inutiles au maintien de l'essence des corps. Puis l'augmentation, restauration, & viuificatiõ qui arriue aux corps par cette substãce nous le certifie: mais nature nous cache l'operation qui fait ces actions. La substance estant donc separable, il faut biẽ que la pureté soit innee en elle qui est homogene & ſemblable en toutes ſes parties. Or cette pureté ne peut eſtre deſcouuerte ny tiree en lumiere par nature, qui ne beſongne iamais que ſimplement pour conduire les choſes à la perfection de ſon deſſein. Mais l'artiſte regarde que la chaleur eſt la ſeule voye & l'outil dont nature ſe ſert pour paruenir à cette perfection, & que le feu eſt l'vnique purgateur & ſeparateur qui tend touſiours a parfaictement purifier. Puis voyant qu'en tous corps il y a quelque ſubſtance pure en ſon centre, laquelle ſe peut ſeparer par nature, ſi non du tout exactement, au moins ſelon l'eſtendue des forces de cette nature; il ſe reſoult à prendre le meſme chemin & ſe ſeruir du meſme inſtrument que la nature a pris, ſçauoir le feu, & le conduire de ſorte que ſans deſtruction de cette ſubſtance qui eſt pure en ſon centre, il bruſle &

separe tous excrements, iusques à ce qu'ayant atteint vne tres-grande pureté, il apperçoiue que ce feu n'ait plus de puissance destructiue, mais plustost vne action propre à la conseruer, exalter, & y introduire vne tincture & qualité pareille a la sienne; conuertissant en fin toute cette substance tres-monde en sa nature propre. Le ministre de l'art iugeant donc qu'en toutes choses cette substance est infuse; & que toutes choses peuuent estre brusleees, restant apres leur bruslement vne cendre que le feu ne peut deuorer; il a sagement conclud qu'en cette cendre restee il y auoit quelque tresor caché, non subiect à la rigueur des flames. Si biẽ que poursuiuant son operation il y trouue du sel, qui n'est point engẽdré par le feu, mais qui reste vainqueur du feu, comme vn pur Or de chacun corps bruslé. Ce sel est donc la derniere matiere qui demeure des corps, & non la cendre de laquelle il est extraict en dernier ressort, & duquel par apres on ne peut plus rien tirer: Car s'il se cõuertit en eau par l'humidité, cette eau se recongelle en sel par la chaleur. D'ou l'on tire la consequence que telle eau estoit le vray Mercure duquel les corps auoient esté premierement créez : & que cette eau estant cachee dans cette cendre l'empesche de se consommer au feu par bruslement: Tout ainsi que le Mercure vniuersel caché dans le sein de la terre auant la production des corps. C'est pourquoy le docte Rouillasque, appelle en ses escrits cette humidité eau de feu mercurielle, parce que le feu l'engendre & la nourrit, voire augmente sa bonté d'autant plus qu'elle demeure en iceluy plus lõguement. Car c'est la derniere operation du feu, que de faire du sel; & le sel n'est autre chose [illegible]u vne eau seiche; qui acquiert & conserue son humeur & sa siccité par le feu; qui necessairement se trouue de nature pareille. Ce que ie dis icy afin que l'on ne trouue estrange que i'aye maintenu dés le commencement de ce liure que le feu n'est point sans humeur, de laquelle estant nourry c'est force qu'il en participe, puisque toutes choses doiuent estre alimentees de ce dont elles sont faites. Tellement que le feu & l'humeur sont comme deux corelatifs qui ne peuuent seulement estre imaginez l'vn sans l'autre. Et sans doute les elemens ont vne telle connexion & afinité entr'eux que l'vn participe de l'autre: & chacun d'eux se trouue en son compagnon. Car la terre contient son eau, son air, & son feu: L'eau a son feu, son air, & sa terre: L'air a sa terre, son eau, & son feu: Et le feu à son eau, son air, & sa terre. Sans lesquelles participations il ne se pourroit faire aucune conuersion entr'eux: & ny auroit nulle simpathie ny conuenance. On pourra donc recueillir de ce qui a ia esté dit qu'il n'est rië vuide d'excrements: & que excrement & substance sont les deux parties dont tous corps sont composez. & que rien sinõ le seul excremẽt ne doit aussi estre separé du subiet, cõme accidẽtel, & qui n'a nulle afinité auec l'essence de la substance. On pourra semblablement recueillir que le feu est celuy qui seul procure & facilite cette separation. Mais il est tẽps de dire comment cela se fait, car ce n'est pas assez de proposer que la separation est le commencement des œuures tant de la Nature que de l'art, ny de sçauoir qu'elles choses sont separables, si l'on ne sçait comment cela doit estre pratiqué. I'ay cy deuant dit qu'il y a deux especes de separation, L'vne qui se fait par distinction & ornement, de laquelle ie me tairay maintemant d'autant qu'elle appartient à la seule nature, & non à l'art. L'autre qui se fait par diuision ou retrenchement des parties : qui est celle dont ie desire esclaircir la prattique. I'ay n'aguiere dit que toutes choses visibles & palpables sont cōposees de ces deux parties contraires, excrement & substance. Quant à la substance, elle est de soy simple & indiuisible, soit qu'on la prenne generalement pour la premiere matiere de tout, ou bien pour les especes particulieres, selon l'impression de l'idee ou forme celeste qui est infinie. C'est à dire qu'au limbe de l'vniuers, ou bien en chacune espece des corps composez, cette substance est vne en essence, vertu, & qualité. Et ne peut on dire qu'en vn mesme suject il y ait vne partie d'icelle d'vne sorte, & l'autre d'vne autre:

mais il n'eſt pas ainſi de l'excrement. Surquoy ie poſeray ce fondemēt, ſçauoir eſt qu'il n'y a que deux choſes par leſquelles toutes ſeparations s'accompliſſent, qui ſont le feu & l'eau. Et qu'il n'y a que deux choſes ſeparables en tous corps, dont l'vne ſe diuiſe par le feu, & l'autre par l'eau. On doit en premier lieu tenir pour choſe indubitable que la nature du feu eſt de conſommer & deſtruire tout ce qui eſt bruſlable: Et celle de l'eau de lauer & nettoyer la ſubſtance des ordures qui la ſouillent. Le feu deuore tout ce qui eſt volatil & de la qualité aeree, parceque c'eſt ſa propre paſture. L'eau diuiſe tout ce qui eſt terreſtre & groſſier. Il faut donc qu'entre ſes deux extreſmes il y ait quelque moyennne diſpoſition qui doiue eſtre ſauuee & guarantie, n'ayant en ſoy ny feces ny aduſtion qui la ſoubmettent au pouuoir

de ces

de ces deux expugnateurs. Parquoy c'est chose tres-claire que l'adustion & les feces sont les deux corrupteurs & destructeurs de toutes choses. Ce que le diuin Hipocrate auoit bien recognu quand il a dit que toutes maladies viẽnent de l'air, ou des aliments. Voulant dire que l'excez des viandes pleines d'excrements, & l'air facile à receuoir corruption, & qui facilement corrõpt & enflame les excrements par vn feu excedant celuy de Nature; sont causes de toutes les maladies. Car l'excremẽt des viandes emplit les corps de terrestres impuritez; Et l'air inflãmable est ce qui y engendre la matiere soufreuse & adustible: laquelle aysément conceuant l'ardeur, consomme aussi auec elle ce qui est de vital & radical, emporté par la plus grande quantité de ce qui est volatil & bruslable. Les feces terrestres & l'adustion sont donc les deux autheurs de corruption, & ce qui empesche en toutes choses la vigueur des actions substancielles. Que si nous en desirons des preuues familieres, les puanteurs que la digestion & les excrements rendent, nous en assouuiront trop. Car ce qui sent mal aux choses que l'on brusle, monstre bien que ce n'est rien de bon. De mesme est il des puantes fumees des excrements sortant des corps, lesquelles prouiennent de la corruption. Mais outre cette corruption qu'ils engendrent, il en prouient encore deux inconueniens: l'vn est, l'empeschement de la penetratiō; l'autre celuy de la fixation: Qui sont les deux actions plus necessaires à la conseruation de la vie. Car ce qui nourrit & entretient la vie, doit necessairemēt estre vne chose subtile pour penetrer les corps par leurs plus simples parties, afin de renforcer & substanter, cōme vne huille secrette, la lumiere de la vie cachee au centre des corps. Que si elle estoit grossiere elle oppileroit, suffoqueroit, voire estoupperoit plustost que d'entrer par voyes si delicates & delices. D'autrepart ce qui tient & maintient la vie en estat, doit aussi par raison estre quelque chose de stable & non fuyant. Que si elle estoit volatile, la mort à chacun moment entreroit en nous, introduitte par la corruption qu'engendre la feculente adustion qui continuellement assiege nostre vie. La terrestreité empesche dōc l'ingressiō, & l'adustiō empesche la fixation & stabilité. De cecy peut estre tiré vn salutaire aduis pour la Medecine; assauoir que tout vray medicament qui est pris interieurement pour restaurer la vie debilitee par maladie, & dechasser la cause de la mort prochaine, doit auoir deux proprietez, sçauoir est de promptement penetrer iusques au centre de la santé, & conseruer ce centre, en le dilatant & ramenant par tout le corps. Ce que les anciens ont jadis pratiqué auec heureux & glorieux succés. Et depuis quelque temps ce trop aboyé & enuié Paracelle ; qui reprenant leurs traces a descouuert à sa posterité ce que tant de siecles emmoncelez l'vn sur l'autre tenoient enseueli. Face & die qui voudra le contraire: mais j'ose affirmer que sans les operations du feu rien ne peut estre conduit à pureté, ny fixation, qui sont deux parties qu'on doit sur tout rechercher & introduire en tous medicaments. A quoy ie suis porté & confirmé par vne forte raison : qui est que nul corps vrayement medicinal estant en sa natiuité premiere, c'est à dire en sa premiere forme, enueloppé dans l'espaisseur excrementeuse de ses feces pleines de corruption, ne peut arriuer iusqu'au siege de la santé; ny la contregarder l'ayant vne fois rencontree ; parce qu'elle n'a point cette subtile penetration, ny cette fixe permanence, requise au restablissement de ce qui est gasté & corrompu ; & à la conseruation de ce qui est restably. Car il n'y a nulle apparence que cela se puisse faire par les preparations vulgaires; soit en substance ou infusion. Quant à la substãce, l'impossibilité se trouue d'elle mesme, puis qu'elle ne produit sinon vne violente purgation qui tend plus à la debilitation dãgereuse, qu'à la restauration salutaire, ainsi que i'ay desia fait voir. Et quant à l'infusion il ne se peut par icelle tirer des simples autre chose qu'vn peu de nitrosité qui est en tous corps, auec quelques parties des feces excrementeuses. D'où prouient qu'à la verité l'infusió attire quelque goust exterieur de la chose, mais non pas l'interieure vertu, qui en son centre a vn goust tout autre que la matiere superficielle. Car il se void ordinairement que les infusions communes sont toutes pleines d'amertume, laquelle on tasche à corriger par le succre ou le miel: n'ayant la plus part des Apoticaires l'industrie de tirer des choses leur douceur naturelle, de laquelle nature se resiouït. Car toute amertume qui vient du sel, à qui on donne communément l'epithete d'amer, recelle en son profond vne douceur qui ne peut estre descouuerte par les simples infusions, mais par le feu, auec ingenieux artifice. Estant sans doute cette douceur la perfection de toute medecine. C'est pourquoy Arnauld de Villeneufue dit, si tu sçais adoucir l'amer, tu auras tout le magistere. Ce que Brachesço a bien sceu, cõme il le tesmoigue en son dialogue intitulé Demogorgon. Pour reuenir donc à mon propos, cette douceur cachee ne se peut manifester qu'elle ne soit entierement desueloppee & desnuee de ses feces terrestres, & de cette adustion volatille & aëree. Car le terrestre engendre la saueur estrange à cause des propres excrements du sel; de la diuersification desquels selon la diuersité des especes, & des lieux où ils sont engendrez, prouient telle varieté de saueurs; Car toute saueur est causee par le sel, & plus il y a de sel, plus il y a de saueur. D'ailleurs ce qui est aëré & volatil engendre les mauuaises & non naturelles odeurs, qui par l'adustion & inflamatiõ du soulfre onctueux & bruslable iette cette puanteur que l'on sent de ce que l'on brusle. Que cette chose volatille soit vn excrement il se prouue assez par les puantes fumees des corps bruslans desquels s'engendre la suye atta. chee aux cheminees & planchers enfumez; Laquelle retient l'odeur des corps bruslez, & l'amertume des excrements des sels. Et d'abondant se verifie encore par la noirceur & obscurité que cette vapeur s'imprime en tout ce qu'elle touche, empeschant la plus grãde partie de la lumiere & splendeur de Nature, qui desire tousiours la pureté, & se voir separee des tenebres, comme il s'apperçoit en tous corps, desquels les plus parfaicts reluisent d'vn plus grand lustre, prouenant de leur pureté: & les autres demeurent plus ou moins sombres selon leur cõposition plus ou moins embrouillee de ces impuritez: Ainsi que les metaux parfaicts, ou imparfaicts; Et les pierres precieuses en donnẽt ample cognoissance. Et si nous voulons quitter les peregrinations lointaines & estranges,

& par le conseil de l'oracle finir nos voyages curieux en nous mesme, recherchẽât bien les causes de nos indispositions & plus fascheuses maladies, nous trouuerons qu'elles naissent de ces infectes fumees, qui obscurcissent la lumiere de nostre santé: d'où s'ensuit vn apparent indice de ce qui se fait au dedans. Car l'homme sain, à cause de la clairté interne de sa naturelle disposition porte vn visage clair, & viuement coloré: Mais le malade, à peine est il frappé du mal qu'il mõstre son atteinte en certaine palleur obscure & plõbee, qui descolore & ternit le naïf de ce premier teinct. Et tout ce changement proceddant seulement des fumees de l'adustion & inflammation du soulfre excrementeux, qui s'espandẽt par tous les membres & les infectent de suye sulfuree, iusqu'en leur superficie, par le moyen des pores qui rendẽt les corps transperçables. On peut encore dire que cette palleur & descolorement procede aussi de ce que la nature se sentant offencee & assiegee par la maladie, elle fait retirer tout le sang clair & net, au centre de la santé des corps, qui est le cœur, afin d'y r'assembler & ioindre toutes ses forces, pour virillement combatre & soustenir les assaux du mal: delaissant à cette occasion l'exterieur despourueu de cette clairté naturelle. Lequel exterieur demeure cõme tenu estre mortifié & tẽdãt a decoloration & obscurité: Parce que la terre en laquelle il cõmẽce par le mal à se cõuertir & retourner, est noire de sõ naturel, ainsi que le feu est clair & cãdide du siẽ, cõme deux elemẽts de qualitez cõtraires. La terre dõc de son costé comme espaisse & tenebreuse, donne la noirceur: & l'adustion du soulfre cõme fuligineux & fumeux obscurcit pareillement. A raison dequoy l'vn &

l'autre sont causes de corruption, destruction, & gastement en toutes choses. Et n'y a proprement que ces deux qui machinent & pourchassent la ruyne de tout, pour ce qu'ils sont en tout: & n'y a riẽ icy bas entre les cõposez qui en soit exépt, hormis l'or, & les pierres precieuses, que Nature à elabourees à perfection, autãt qu'il luy a esté possible. Tellement que la mort est en tous autres corps vne hostesse perpetuelle, qu'ils taschent d'intronizer aux choses pour les destruire. Mais la nature comme pieuse mere & soigneuse conseruatrice de l'oeuure de ses mains, a faict armer en leur faueur deux puissants & subtils champions pour rabattre l'orgueil de ces insolents aduersaires, & les chasser hors de leur forteresse. C'est le feu pour l'vn, exterminateur de cette adustion soulfreuse: & l'eau pour l'autre, qui separe & emporte cette terreſtre feculence. Or comme nature eſt ingenieuſe & ſubtile en toutes ſes operatiõs, auſſi a elle laiſſé l'art doué de pareille ſubtilité & induſtrie : Car il n'y a que ces deux voyes pour paruenir aux ſeparations ; Que la nature meſme a ſuiuies dés le commencement du mõde, duquel les premieres ſemences informes, vuides, & confuſes, eſtoient diſſoultes peſle-meſle dans les eaux, d'où elles furent ſeparees par le moyẽ du feu de l'eſprit du Seigneur eſtendu par deſſus; qui fut le premier agent & moteur en la ſeparation du Cahos, dõt il s'enſuiuit qu'incontinent la lumiere fut ſeparee des tenebres, les formes diſtinctes de la confuſion, les generations de la ſterilité, & la mort de la vie. Tellement que ſi les choſes feuſſent demeurees confuſes en leur premier deſordre & meſlange de l'impur auec le pur, de l'excrement auec la ſubſtance, de la Terre auec le Ciel, & de la vie auec la mort, tout seroit priué d'actiõ, de puissance, d'essence, & de vie, restãt toute la masse inutilement gisante en sa confusion. L'artiste donc estant entré en la consideration de ces choses, & voyant que rien ne peut desployer sa vertu iusques à ce que la confusion des excrements & impuritez en soit bannie, il a choisi l'eau & le feu pour ses coadiuteurs, à l'exemple de Nature, dont il a curieusement remarqué l'operation, mesme en la generation des metaux, lesquels sont d'autãt plus parfaicts qu'ils ont esté mieux mondifiez & digerez dans l'estomac de la terre. Parquoy c'est vn poinct qui demeure fixe & resolu, que le feu & l'eau sont les generaux & principaux moyens de separation. Mais d'autant que la composition des choses est diuerse, & que les vnesceddent plus difficilemẽt que les autres, il a pareillement esté besoin de diuersifier les actions de ces deux, sans toutesfois s'esgarer ny escarter du plain chemin de la Nature. Car aux vns l'adustion & soulfre onctueux inflamable & infectant, a voulu estre tiree d'vne sorte, & aux autres la terrestre feculence d'vne autre. La calcinatiõ a esté inuentee auec la sublimation, pour purger l'adustion. Et pour la terrestre feculence la distillation & dissolution ont esté mises en vsage. L'on a encore practiqué la dessension pour conseruer les corps debiles & de facile inflamation: Mais toutes ces choses se font par le feu, comme la calcination, sublimation, & dessension: ou par l'eau, cõme la distillation & dissolution. Les manieres & preceptes desquelles sont diffuses en tant de bõs liures antiques & modernes que ie me deporteray par discretion d'en parler d'auãtage, puisque tout mon discours n'y adioustant rien de nouueau, n'y pourroit apporter ornemẽt ny facilité. Il me suffira seulemẽt de dire ce que i'en sçay en general par forme de difinitió: Assauoir, que la calcination a esté inuẽtee pour les matieres dures & rebelles à cause de leur continuité & forte composition, qui les empesche de receuoir facilement la separation de leurs excremẽts sans estre diuisez par leurs moindres parties. Et de celle cy prouiennẽt quatre vtilitez, qui sont le bruslement du soulfre impur & fetide; la separation plus aysee de la terrestreité superflue, & estrange, La fixation du soulfre interne, & la dissolution plus prompte. Car le naturel du feu est de cósommer les parties adustibles qui ne sont de l'essence de la substance: de faciliter la diuision & reiettement des excremẽts terrestres: de fixer & affermir le soulſre radical: & de multiplier le ſel dans les corps, lequel ſeul peut apres receuoir la diſſolution par l'eau. Or ie dy que la calcination tombe ſeulement ſur les corps qui pour leur continuité ceddent à peine : Parce que les eſprits ou choſes volatiles & legerement fuiãtes au feu ne peuuent eſtre calcinees ſans l'adition des choſes fixes & diſſemblables à leur nature : L'intention ou but de la calcination n'eſtãt autre que de tirer les ſels de toutes choſes, parce qu'en iceux conſiſte la meilleure partie & principale vertu ſecrette des corps ou eſprits, eſquels eſt attachee cette aduſtion corrompante qui pour ce ſubiect ſe doit en toute ſublimatiõ laiſſer aller & euaporer comme inutile: afin de mieux deliurer des feces terreſtres cette moyenne ſubſtance qui reſte, preparee & acheminee à purification & fixation par l'action du feu.

Or cette

Or cette practique de sublimation a esté trouuee pour ce que la calcinatiõ qui ne se peut accomplir sans extresme violence de feu esleueroit le pur auec les feces sans aucun auancement de separaton ny purificatiõ. Il est bien vray que la sublimation requiert quelque violence de feu, mais c'est alors seulement que la chose sublimable est profondement meslee & attachee aux feces ou chaux de quelque corps fixe, pour plus arrester & retenir les immõdices terrestres. Et cette maniere de sublimer est la plus seure ; si ce n'est aux choses qui ont leurs feces capables de s'arrester d'elles mesmes. La dessentiõ se practique pour deux vtilitez: l'vne afin de tirer l'huille des vegetaux, sans les brusler. L'autre pour mondifier les corps fusibles auant qu'ils soient rendus fuyants. Voyla les trois manieres de separation qui se font par le feu. Il reste les deux autres qui se font par l'eau, sçauoir la distillation, & la dissolution. La premiere se fait par l'inclinement & le filtre, afin de tirer la limpidité des choses dissoultes en l'eau, auec l'eau: Car celle qui se fait par l'alembic ie la mets au rãg des sublimatiós; d'autant qu'elle se fait par l'esleuation & non par le lauement. Celle cy qu'aucuns tiennent pour indiferente & de peu d'efficace, n'est pas toutesfois à reietter, mais plustost à estimer, comme l'vne des principalles operations de la nature; qui l'a establie pour seul moyẽ de separer les immondices terrestres ouuertes & desliees par la calcination precedente, & preparees à la separatió: & par ainsi conduire & acheminer les choses à l'auancement de leur perfection; à la pureté de laquelle cette maniere de distiller les esleue & sublime; estant pour ce subiect de quelques sages ditte secrette sublimation. La seconde operation qui se fait par l'eau, sçauoir la dissolution, est faitte par chaleur humide & moderee, comme celle du fient de cheual; du bain Marie; de la vapeur de l'eau bouillãte, ou par l'infusion dans l'eau: ou bien par inhumation en lieux humides: mais toutes ces flesches vollent à vn mesme blanc, qui est de reduire en eau les choses calcinees, afin que par cette liquefaction les terres en filtrant demeurent affaissees au fond du vaisseau. La reiteratiõ de cette prattique est tres-subtile & necessaire, presqu'en toutes choses: Car si par vne calcination continue on vouloit separer les plus simples parties d'vn cõpost, & reduire en sel ce qu'il a d'essence salee, il en arriueroit vn inconuenient irreparable, car la force intemperee & assiduelle des flames sublimeroit & contraindroit à la fuitte, la meilleure & plus gran de partie de ce que l'on cherche auec tant de soing ; de sorte qu'il ne resteroit que bien peu de la matiere soluble auec grande quantité de feces. Outre, que par vne trop longue demeure au feu cette matiere restee se pourroit vitrifier. Il est donc meilleur de ne point gesner ou violler nature par l'excés d'vne precipitation, & recouurir patiemment aux reiterations. Cet inconuenient m'arriua vne fois en la calcination du Cristal commun, que voulant purger de ses excrements pour le reduire en vraye essence par vne longue ignition, ie trouuay entierement vitrifié auec ses feces, & partant inutile à mon dessein, & à tout autre ouurage. Car encore que le Cristal paroisse clair, lucide, & transparent, les premieres fumees noires, puis violettes qui se presentent en sa calcination, auec vne odeur puante & sulfuree, tesmoignent bien sa terrestreité excrementeuse: tout ainsi que les blãches qui les suiuent sont indices vrais de l'homogeneité de la substance, qui demeure en fin claire & flotante en petite quantité, tant qu'elle soit paruenue à la Nature & consistance de pur sel cristallin: & durant ces reiterations dernieres l'odeur ingratte qui se sent és premieres se change en vne tres-soüefue & plaisante, semblable à la poudre de violette. Or de la reiteratiõ des calcinations outre les choses predittes arriuent deux biens: L'vn, que la chose calcinee acquiert par l'accoustumance du feu cette subtilité & permanence aux medicaments desquelles j'ay desia parlé: L'autre, que ce qui est souuent dissoult acquiert penetration, ingression prompte & subtile, & puissante vertu de transmuer l'estat du patient, de maladie à santé, de langueur à vigueur, de destruction à restauration & parfaict amandement. Voyla les voyes ordinaires de toutes separations qui ne tendent à autre but qu'à sequestrer les pures substances de leurs excrements corrompants, & les esleuer de la lourde espaisseur terrestre à la pureté ignee: & bref d'imperfectiō à perfection. Ce qu'a voulu enseigner Hermes, quand il a dit que l'on separe la terre du feu, & pour s'interpreter luy mesme a adiousté ces mots, & le subtil de l'espais. Ce qu'il veut estre fait doucement, & auec grande industrie. Car en parlant de la preparation de l'esprit general du monde apres sa terrification, & par vn mesme moyen ouurant le chemin à celle de tous indiuidus, il a voulu faire entendre qu'en cette terre il y a quelque chose difficile à retenir & garder, assauoir vn esprit leger & volatil qui se cōserue par le temperament du feu, & qui au contraire s'esuanouiroit facilement auec la partie separable qui abonde tousiours plus, & surmonte en quantité le plus de substance fixe, si l'on ne gouuernoit l'operation auec patiente douceur, & ingenieuse methode. A quoy l'artiste doit obseruer vne maxime importante: c'est la distinction des trois soulfres, dont les deux sont separables, assauoir l'externe qui se perd par la calcination & dissolution; & l'interne qui disparoist par la seule decoction; Mais le tiers est celuy que l'on appelle fixe: qui est proprement le vray soulfre de Nature, & le propre subiect de la substance, auquel les Philosophes ont donné le nom d'agent, ou grain fix, ou element du feu, en leur compost phisique. Quant à l'externe, c'est le premier volatil & adustible, d'autant qu'il est entierement estranger, & la premiere pasture du feu. L'interne est plus vny & enraciné dans la substance, & partant ne desloge qu'auec plus grande violence & continuation de feu: C'est pourquoy auant son partement il prend toutes couleurs, commençãt par la noirceur, qui est la premiere marque de terrestreité, d'adustion, & corruption: & l'auãtcourriere de putrefaction & mortification. Puis trauersant par les autres moyennes arriue peu à peu à la blancheur, qui est la couleur de l'air, d'où elle monte à la couleur ignee, qui est la rougeur, en laquelle se termine la puissance de l'art, & l'empire du feu: outre laquelle il n'y a plus de progression. Chose que les Poëtes ont fabuleusement depeinte sous le personnage de l'inconstãt Prothee qui se transformoit en diuerses figures monstrueuses; pour espouuenter & destourner ceux qui taschoient à le captiuer. Or cette varieté de couleurs est causee par le soulfre interne, vray autheur & producteur de toutes les teinctures & diuers bigarrements qu'on void par nature & par art en toutes les choses du monde, Et se peuuent distinctement remarquer en la decoction de ce premier subiect vniuersel, ainsi qu'il me les a (comme j'ay desia dit) produittes vne fois. Mais aussi tost que la blancheur se monstre, aussi tost apparoist le soulfre de Nature, que Geber dict estre blanc par dehors, & rouge en son interieur: car cette blancheur est en fin suiuie de la rougeur, sans autre ayde que du feu continué & accreu par degrez, qui à fait dire à quelqu'vn des sages que leur pierre au blanc estoit vn anneau d'or couuert d'argent. I'ay bien voulu en passant dire ce peu de mots des couleurs que l'õ trouue designees en tous les bons autheurs: Non pour presumer d'ẽseigner icy les preparations & operations que ie sçay bien estre necessaires à l'accomplissement de leur grand. Elixir tant exalté & haut loué par eux: Mais seulement pour faire recognoistre aux curieux disciples de la docte Medee, qui par vne soigneuse & profonde inquisition taschent d'entrer au sacraire de la mysterieuse Phisique; quels sont en toutes choses les soulfres qu'il faut oster ou conseruer. Croyant auoir assez dignement employé le temps que ie desrobe aux negoces œconomiques ou ie suis attaché, si ie puis redonner quelque vigueur & cintille de vie à cette languissante partie de Philosophie naturelle, que les enuieux de sa gloire ont enseuelie toute viue dans le tombeau de la calomnie, soubs le tiltre odieux de transmutation abusiue & falcification des metaux: Quoy que la ſeule ignorance du vray myſtere les empeſchant d'en faire la diſtinction, dõnc place à leur meſdiſance: qui pour tout fondement s'appuie malicieuſement ſur l'effronterie de certains affronteurs, coureurs, & vendeurs de fumees, qui voillent & couurent du mãteau ſacré de cette belle vierge, leur eſhontee & impudique ſophiſtication: du fard de laquelle ils charment les yeux des credules; & comme traiſtreſſes Sirenes, plongent les curieux en Caribde & en Scille.

De la montee de l'eſprit au Ciel, & de ſa deſcente en terre.

CHAPITRE IIII.

CE grand & ſouuerain autheur de toutes choſes, preuoyant des le commencement du monde que l'infection & corruption feroient vne mortelle guerre en toutes choses composees de corps & d'esprit; voulut opposer à cette dissention vn remede certain, afin de sauuer l'vn & ne perdre pas l'autre. Car l'esprit & la substance estant enueloppez dans les corps, & les corps enfouïs dans la corruption; Il estoit impossible qu'estans les corps assaillis & surmontez par la corruption, l'esprit logé dans eux n'en receust perte & dommage; & demeurast auec les corps esclaue de la mort, qui sans interualle est aux aguets pour surprendre la nature, & entrer en tous genres & especes pour y exercer sa tyrannie. La preuue en est trop suffisante en la fin naturelle & quelquefois precipitee des animaux, vegetaux, & mineraux, que nous voyons arriuer par accident de corruption. Et qui mortifiât les corps il aduient que les esprits courent mesme fortune. C'est à dire que leurs vertus viuifiantes sont du tout aneanties. Mais pource qu'en toutes ses œuures cet admirable ouurier a voulu faire estinceler le feu de l'amour parfaict qu'il porte à l'homme qu'il auoit destiné de toute eternité pour l'vnique instrument de sa gloire; assubiettissant à luy seul tout ce qu'il feroit de plus esmerueillable en la creation de l'vniuers: il a en sa faueur estably des remedes souuerains tant pour purifier & accōplir les choses qu'il auoit creées pour son vsage, que pour le garder & conseruer luy mesme cōtre les assauts de cette corruptiō mortelle. Cognoissant donc que les deux parties de l'hōme estoient creées l'vne en l'autre; assauoir l'esprit au corps; & que le corps est continuellement assiegé de la corruption, par la sensualité qui l'attire & alleiche à l'intemperance, engendrant l'infection & degast de tous les membres, il preuit que l'esprit qui en est l'hoste ne pourroit y demeurer exempt de sa corruption contagieuse. Aussi voyons nous ordinairement que l'homme entierement adonné aux intemperances corporelles & desbordé aux sensualitez, deuient par mesme moyen meschant & licentieux en tous desbordements d'esprit, faisant banqueroutte à l'amour & crainte de Dieu: à l'honneur & gloire du monde: à la pieté vers les siens: & à la charité à l'endroit du prochain. De sorte que mourant sinistrement veautré dans le bourbier de ses crimes, il est impossible que l'esprit ne participe aux peines cõme il aura participé aux voluptez. Et considerãt que toute la generation humaine depuis le premier excés, aduenu par le mords de la pomme dessendue, ne cessoit de courir à cette mort ; & que par ce moyen la ruyne de tout l'homme e-stoit ineuitable ; il a preuenu ce mal-heur par vn remede merueilleux & hors de la comprehention humaine. Car sçachãt que par l'esprit & le corps l'homme participoit du Ciel & de la terre, il a voulu que le remede eust sẽ-blable participation. Ce qui s'est troué en Iesus-Christ nostre vnique sauueur, restaurateur, & conseruateur, descendu du Ciel en terre, lequel retenant toutefois sa deité entiere, s'est miraculeusement fait homme auec vn mystere incompris & incomprehensible au sens commun, d'autant que le salut ne pouuoit prouenir de la terre seule où regnoit la corruption ; ains e-stoit necessaire que l'eau en decoulast d'en-haut où est la fontaine de pureté. Il est donc venu en terre pour habiter en nous & auec nous, afin de nous renfermer dans les barrieres de iustice & temperance, en nous regenerant à vne vie nouuelle, par vn changement d'esprit & de corps ; mortifiant ceux de corruption & peché, pour donner la naissance à ceux de netteté & vertu. Ce qui ne pouuoit arriuer que par luy seul à cause des extremitez des deux natures qu'il conuenoit prendre, se faisant diuin & humain, afin de moyenner l'alliãce des choses basses auec les hautes, esloignees l'vne de l'autre par cette distance incompatible de mort & de vie, de corruption & de pureté. La terre a receu ce tresor inestimable & trop excedant son merite, par vn moyen qu'elle n'a sçeu comprendre: d'où, apres la regeneration proiettee par l'eau de purification, & le feu du saint Esprit, il est remonté au Ciel, entierement despouillé des accidents & passions corporelles seulement, & non

pas du

pas du corps qu'il a emporté incorruptible & glorieux, ayant acquis immortalité par sa mort. Et de la dextre du pere il redescendra en terre apres l'vniuerselle conflagration pour renoueler le monde & separer les bons exaltez & destinez à la vie, d'auec les mauuais deprimez & condamnez à la mort. Voila comme le souuerain pere de misericorde a pourueu au salut de l'homme, dont le corps conioint auec l'esprit a pareillement son conseruateur que le Ciel a fait naistre au monde, & qui doit estre recherché & descouuert par la lumiere de Nature; estãt l'homme pour cet effect doué de ratiocination & iugement, afin de pouuoir cognoistre & comprendre les dons qui luy sont presentez. Mais cet homme qui pour faire vne telle recherche auoit esté creé comme celeste, s'est oublié luy mesme, employant plustost ce qu'il auoit de noble & diuin en soy a ie ne sçay quelles vanitez friuolles & perissables qu'a l'inquisitió de l'vtile sapience,&solide verité. Bref il a mieux aymé suyure l'inclinatió de sa terrestre geniture, que la diuine & celeste intelligence, qu'il a laissé croupir en luy,comme vne chose indiferéte, & qui luy auroit esté casuellement transmise d'en haut. C'est pourquoy de tout temps la race des hommes est quasi esteinte auant qu'auoir veu la lumiere? (excepté quelques vns que vn Astre fauorable a regardez d'vn bon œil en naissát,) s'est plus auidemét acharnee a la possession des tresors & biens perissables, qu'elle n'a pensé à l'acquisition des celestes dons & precieuses richesses que la bonne mere Nature luy estalle publiquement & en tous lieux,pour le salut &maintien de sa vie: endommagee plustost que secouruë par l'abondance qui est communément enueloppee de mortelle corruption. Et se void clairement que les plus spirituels d'entre le vulgaire ayant aucunement entreueu le brillant esclat de ces richesses infinies, ne se sont amusez qu'a leur superficie; delaissant laschement la diuine vertu recelee en leur cẽtre. Ce qui a causé tãt d'erreurs, non seulemẽt en leur medecine, mais aussi en leur philosophie, qu'elles võt toutes deux rãpant & chãcelant dãs les tenebreuses grottes d'incertitude, pour n'estre guidees d'aucune viue lumiere. R'appellant donc les esprits à la clarté qui les doit conduire vers le souuerain remede que Dieu a particulierement destiné pour la conseruation de l'homme en le comblant des benedictions celestes, i'oseray auec toute l'humilité & sincerité requise & bienseante à ma portee & profession, non comme Theologien, mais seulement comme simple disciple des Philosophes, crayonner icy quelques naïfues conceptions, que les amateurs de verité pourront autant fauoriser qu'ils les trouueront raisonnables. Ie diray donc que toute intelligence que l'homme seul communique à l'homme est incertaine & confuse ; pource qu'en luy logent ordinairement ignorance & irresolution. Mais celle qu'il reçoit de la lumiere vniuerselle est tres-claire, & tres-fermement appuyee sur vn fondement inebranlable. Car sçauoir absolumét, est cognoistre les choses par leurs causes premieres ; & n'y a iamais de certitude aux secondes, iusques a ce que l'on soit paruenu a leur source. C'est pourquoy la Nature des especes ne peut estre cognüe si la cognoissance de leur genre n'a precedé. Ny les Natures des Microcosmes (dont le nombre est infiny) sans auoir premierement compris celle du grãd monde qui leur a donné l'estre. L'hõme aussi ne peut estre bien cognu sans la prealable cognoissance du Macrocosme, duquel il n'est que l'effigie: nõ plus que ce Macrocosme sans auoir apprehendé dequoy & comment il est faict. Car en qu'elle façon pourroit-on cognoistre l'homme qui n'est à son cõmencement qu'vn peu de glaire ou mussilage informe, ny comme il monte à sa perfectiõ, si l'on n'a cognu ceux qui l'ont engendré, non pas les secõds parents, qui sont le pere & la mere, Mais les premieres, assauoir le Ciel & la Terre. Et si mesme l'on n'auoit parfaitte intelligence de la creation premiere de ceux cy, comment les pourroit on cognoistre? Tout ainsi que le limbe de l'homme gist en la matrice où il n'est qu'vn peu de fange, qui par apres se forme sur l'exemplaire des parents; & par les mesmes progrez & façons qu'ils furent parfaicts. Ainsi le Ciel & la Terre, & tout ce qui est en iceux, c'est à dire tout ce grand monde, est comme vn limbe & masse dans le cahos, dont on ne peut auoir aucune lumiere si l'on ne contemple les proiects & progrez de sa distinction & formation. Venons donc à l'original afin d'en cognoistre les extraicts: & par le patron iugeons des choses imitees. Ie dy que le premier & souuerain createur (qui est comme le poinct duquel partent toutes les choses, & l'inepuisable source d'ou decoulent cette infinité de ruisseaux,) a vne nature qui luy est particuliere; assauoir de produire & conseruer tout en l'vniuers. Car c'est le propre du parfaictement bon autheur de produire & procréer les choses, puis les entretenir & conseruer, quand il les a creées. De ce premier effect, qui est la creatiõ, le secret en est caché à tous, & ne l'auõs que comme en effigie aux generations. Mais le second est ouuert pour le moins aux illuminez, comme elleuz & nez de l'esprit ; non pas aux enfans de la chair;afin que ces precieuses marguerittes ne soient indignemẽt prostituees aux salles & stupides pourceaux. Or le premier & plus excellent degré de cette conseruation a esté fait & enseigné par Iesus-Christ, en la maniere cy deuant declaree: lequel a voulu estre imité en toutes choses, s'estant auec vn mistere indicible luy mesme donné pour patron de toutes les bonnes œuures qui se doiuent faire au mõde. Car la Nature marche toujours d'vn mesme pas sans iamais quitter ses sentiers qu'elle suit exactement en tous ses ouurages. Ainsi donc que le pere & commun conseruateur a pourueu à la commune conseruation des la naissance du monde; La Nature a semblablement fait son proiect des le commencement, & s'est de tout temps employee a ses productions auec vne action continuelle. Car tout ainsi qu'il a esté necessaire que tout salut vint d'é-haut pour la conseruation de la partie spirituelle de l'homme, il a esté expedient par la mesme necessité que celuy des corps sourdist de la mesme roche; d'autant que des choses basses où est le siege & habitacle de la corruptió mortelle ne peuuent proceder salut ny vie. C'est pourquoy le Ciel comme fontaine perpetuelle d'immortalité & perfection va continuellement influant ses vertus sur le corps de la terre, que les Astres benins fauorisent de leurs aspects amoureusement pitoyables en consideration des mortels affligez: afin d'engendrer en elle par ces influctions vn Esprit immortel & viuifiant, qui prenant corps au sein de cette fecõde mere à monstré & dilatté ses vertus par toutes les parties du monde; les departant à chacune creature selon sa portee. Et de là sont procedees les forces particulieres recogues par leurs effects aux herbes, bestes, pierres, & autres choses qui ont tiré de cet Esprit general, cette infinité de puissantes proprietez, qui font quasi miracle en la conseruation de nos corps, & de tous autres. Or comme Dieu a bien voulu enrichir les hommes des perfections de son fils, selon l'estendue de leur naturel: Et toutesfois n'a pas voulu que chacun d'eux estant souillé de vice allast chercher son remede & parfait salut en son semblable, mais bien en celuy seul qui estoit le vray Occean duquel leur estoit decoulee cette perfection. Aussi Nature qui s'est toujours rendue exacte obseruatrice des volõtez de Dieu & imitarice de ses operatiõs, n'a point estably la parfaite vertu de guarison & restauration aux herbes & creatures particulieres, mais a voulu qu'on la cherchast precisément au centre d'où elle leur est generallement communiquee, assauoir dans la terre, ou cet Esprit viuifiãt s'engendre: Car si les simples sont douez des vertus de guarir, restaurer, nourrir, & conseruer, de cõbien en doit estre mieux pourueu celuy qui les leur depart, & duquel toutes choses les reçoiuent? Or pour prouuer que la terre est la tresoriere & dispensatrice de ces vertus, la seule experiẽce iournaliere suffit pour toutes raisons. Il faut bien qu'elle les possede toutes, car autrement elle ne les pourroit donner. C'est donc vne chose digne d'admiration & d'estonnement que tant de grands personnages ayent consommé le temps de leurs estudes & prattiques à puiser l'eau des simples ruisseaux desia fort esloingnez de la pure limpidité de leur source, comme ayant passé par l'impur limon des terres immondes & ne se sont auisez de courir droit à la propre fontaine. Non que ie vueille despriser les medicaments speciaux, mais ie voudrois que l'on cherchast le general, sans toutefois delaisser les particuliers. Car iaçoit que celuy la susise pour toutes guarisons, si est-ce que ceux cy sont encore louables pour mettre fin à certains maux exterieurs qui n'assaillent que la superficie, & non pas le centre de la santé. Retournant donc à mon but ie diray derechef que la terre est la matrice en laquelle le Ciel a engendré cet Esprit nourrisseur, restaurateur, & conseruateur des corps, duquel seul toute solidité & perfectió de guarison peut & doit estre puisee. Or comment il faut trouuer & prendre cet Esprit puissamment vertueux, tout homme prudent qu'vn sincere desir portera à cette vtile recherche, doit sur tout estre aduerty de suiure incessamment le dessein tracé de la main diuine, sur lequel Nature mesme se forme & guide: combien que Dieu excedant infiniment la Nature ne soit en façõ quelconque attaché aux raisons naturelles, non plus qu'vn souuerain monarque aux loix qu'il auroit prescrittes, lesquelles toutefois ses peuples obserueroient sans demander pourquoy il les auroit ainsi establis. Mais qui a mieux ensuiuy les traits de ce diuin modele que le vieil Trismegiste, qui premier apres le deluge (selon le dire d'aucuns) ayant ouuert aux hommes les misteres de là parfaite cognoissance de Dieu, a parfaitement touché ceux de la Nature?

car outre ce qu'il a angeliquement esclaicy la diuinité, par le Pimandre, où il manifeste auec vne doctrine admible, la creation du grand & petit mõde; leur commencement, progrez, & duree: continuãt d'vn mesme vol cette sacree Philosophie en l'Asclepe, il semble que d'vn Esprit & voix prophetique il declare hautement la regeneration de l'homme se deuoir vn iour faire par l'entremise du fils de Dieu, reuestu de la robe humaine. Et si a encore industrieusement frappé le mesme blanc en la table d'esmeraude, ou il dit: qu'ainsi que toutes les choses du monde sont creées d'vn seul subiect, par la meditation d'vn, qui est Dieu; son magistere (qui est cette souueraine & generalle medecine) sera parfaite & accomplye de cette chose vnique par adaptation. Cette adaptation, n'est-ce pas le miroir où nous voyõs enigmatiquement representee la meditation diuine; pour monstrer que Nature ensuit necessairement les pas de son maistre : tout ainsi qu'és autres liures il a tesmoigné que l'autheur de la regeneration à salut deuoit venir du Ciel & se faire homme, viuant entre les hommes pour leur edification ? Aussi dit il en sa table (qu'il a laissee cõme vn testament & dernier tesmoignage de l'excellẽce de ses hautes conceptions) que cet Esprit general conseruateur des corps, auquel il attribue le nom de pere de la perfection de tout le mõde, est descendu des Cieux, assauoir du Soleil & de la Lune, qu'il a dit au Pimandre estre les principaux gouuerneurs en cette Monarchie mõdaine, afin de se corporifier en la terre, qu'il nomme sa nourrice, par le moyen de l'air qu'il dit l'auoir porté en son vẽtre, d'autant que les influẽces celestes ne pourroient estre communiquees a la terre, si l'air qui premier les reçoit ne les portoit comme mediateur & leur seruoit de vehicule. Et tout ainsi que le diuin restaurateur & protecteur des ames n'a rien quitté de sa diuinité se faisant homme, aussi dit il que cet Esprit vniuersel conseruateur des corps garde & maintiẽt sa force entiere estãt conuerty en terre; c'est à dire en prenant corps terrestre. Dieu a voulu que son propre Fils nostre Redempteur, fust luy mesme regeneré en son humanité par l'eau du Baptesme & le feu du saint Esprit. Non pas qu'au centre de sa Nature il eust besoin aucun d'estre purgé, mais seulement parce qu'il estoit parmy le monde & les hommes souillez de corruptiõ; ausquels il vouloit en tout & par tout estre vray patron de renouuellement & purification: leur donnant vn visible & ample tesmoignage qu'il estoit quant à la chair de leur nature ; non pas souillé ny corrompu, mais passible & mortel aussi bien qu'eux. Semblablement la bonne mere nature à voulu que son fils premier né, qui en son centre est de substance pure, fust neantmoings renouuelé & comme regeneré par l'eau & le feu; c'est à dire par la separation de ce qui est terrestre d'auec ce qui est igné; de ce qui est espais d'auec ce qui est subtil ; & pour dire en vn mot de l'impur d'auec le pur. Ce qu'ẽtẽd Hermes disant qu'on separe la terre du feu : non pas que l'on doiue faire separation de sa terre propre n'y de son propre feu: Car l'homme ne separera point ceux que Dieu a conioints; mais seulement de ce qui est impur & grossier, d'auec le pur & subtil de la substance de cette terre & de ce feu propre, qui sont les parties où Elemẽts de nostre esprit corporifié. Mais outre cette intelligence qui se presente la premiere aux yeux de l'intellect, il y en a encore vne autre plus cachee: car ayant signifié par la separation de la terre d'auec le feu, celle du gros & du subtil; il a encore voulu dire qu'il falloit separer les qualitez naturelles de ces deux elements, en despouillãt l'humide froideur attachee aux choses terrestres & graues, sans lesquelles elle ne peut subsister, pour reuestir la chaude siccité, qui est de la nature du feu, & par consequent legere & spirituelle: C'est pourquoy il adiouste qu'il monte de la terre au ciel, assauoir d'imperfection à perfection: car Paracelse appelle le feu firmamẽt. Or comme rien ne peut paruenir à la perfection celeste sans auoir premierement quitté l'imparfaitte & paisible escorce mortelle, en laquelle propremẽt surabonde cette qualité de froideur qui cause l'accident de la mortification, comme la chaleur engendre la vie: aussi la tres-sage Nature a estably cette reigle qu'il faut que son subiect endure & passe par l'obscure noirceur de la mort, pour atẽdre vne claire & candide immortalité & renouuellement de vie: c'est à dire vne essence impassible, sur laquelle ny le feu, ny la corruption n'ayent plus aucun pouuoir. Et de vray cette acquisition de vie par la mort se prattique naturellemẽt en toutes creatures vitalles: Car il faut que tout sperme ou semence aux animaux se mortifie en la matrice; & aux vegetaux dãs la terre; auant qu'aucune croissance vegetable, ou specification se puisse faire. Que si cette reigle s'obserue religieusemẽt aux mẽbres; de cõbien doit elle estre recommandee & suiuie plus exactemẽt au chef? Et si par cette mortificatiõ la vie des accessoires acquiert quelque duree; combien plus s'approchera de la perpetuité celle du principal? Iesus-Christ mesme nous enseigne ces choses par la similitude du grain qu'il a dit ne pouuoir fructifier s'il ne meurt premierement: signifiant le mystere de sa Resurrection que sa mort deuoit precedder. Car il voulut mourir pour renaistre à vne plus durable & glorieuse vie : se monstrant en cela, non seulement exemplaire des hommes, mais vray patron de toute la Nature. Ce sainct & docte Hermite Romain reuerem̃ment & souuentefois allegué par tous les philosophes naturels qui ont escrit depuis quinze cens ans: Morien, en dit autant du grain fix auquel Nature à donné pouuoir de parfaire & multiplier les metaux. Car il dit que s'il n'est pourry & noircy il ne pourra estre accomply, & sera reduit à rien. Ie me suis licentié de dire cecy, afin d'apprendre aux moins instruits commét on doit recognoistre le createur par les simples creatures. Et d'autant que les hommes vulgaires mandient cette cognoissance des choses plus essoignees, faisant comme ceux qui demandent la perfectiõ des sciences aux escoliers de la derniere classe, au lieu de consulter les vieux oracles des plus sages docteurs: I'ay bien voulu par ces naïues conceptions les coniurer d'employer l'excellence de cette ame ratiocinante qui leur est donnee pour enquerir quel est ce souuerain principe, par les choses plus exquises qui nous donnent & conseruent la vie, & à toutes les creatures mortelles. La mortification precedde donc necessairement toute entree à la Vie, & principalement en cet esprit premier né de Nature alors qu'il a pris corps. Car l'on ne peut autrement separer de luy ce qui empesche sa regeneration à vie, & la purification de son essence. Non pas qu'ẽ cette mort il perde son corps par bruslement & destruction de feu, ny par la pourriture : mais tout ainsi qu'en la germination des semences la putrefaction n'aneantit point ce qui se corporifie en elles. ou bien tout ainsi que le precieux corps de nostre Redẽpteur ne fut nullemẽt empiré, destruit, ny corrompu ; ayant tousiours en luy ce centre & germe de vie par lequel il ressuscita, auquel ces deux natures furent tellement ioinctes ensemble qu'elles ne s'abãdonnerẽt iamais: car la corporelle retint la spirituelle icy bas autant qu'il fut necessaire pour nostre salut, & l'esprit emporta le corps au Ciel pour sa gloire, apres le mystere accomply. C'est pourquoy en l'exaltation du Mercure ou esprit vniuersel, apres le premier degré qui se faict en sa preparation par la separation, tout ce qui reste en luy corporel & spirituel est ren. du volatil, parce que la vertu esleuãte surmõte encore la vertu fixãte. Toutefois à la fin le fix retiẽt auec soy le volatil par l'action de la chaleur aydãte, qui augmentant les forces des deux plus nobles elements aneantit totalement le pouuoir des deux plus imbeciles. Ce qu'a voulu signifier Hermes en l'vn de ses traictez par l'oyseau plumeux qui est retenu par l'oyseau sans plumes. Et Nicolas Flamel par les deux dragõs l'vn garny d'ælles, & l'autre non, qu'il a fait representer, en l'vne des arches du cimetiere de S. Innocent à Paris. Et dans vn autre tableau de pierre à costé du grand Autel de l'Eglise de saincte Geneuiefue des ardans, qu'il a fait bastir. Mais sans nous esgarer dans les destours de ces dedalles, voyons nous pas que tous les vegetables ne cessent de croistre & monter en l'air par la force de cet esprit volatil, lequel (comme j'ay dit au premier liure) les esleueroit encore dauantage pour le desir qu'il a de retourner au lieu d'où il est party, s'ils n'estoient contretenus & arrestez par leur propre terre & masse corporelle, en laquelle est caché ie ne sçay quoy de fixe. Or pour n'estre accusé de contradiction par quelques vns non encore vsitez aux termes communs de nos maistres, ie me veux expliquer, en les aduertissant que ie n'entens nullement que cette spiritualité volatile soit ce que j'ay cy deuant appellé souphre volatil & separable, qui est l'vn des autheurs de corruption: Mais seulement la plus simple partie de cette vapeur primeraine, qui ne pert iamais son interne subtilité & acuité, dont le naturel est de s'esleuer & tendre à la perfection. Car sublimer proprement selon le vray sens des Philosophes n'est autre chose que de parfaire, & d'exalter les matieres d'imperfection à perfection. Tout ainsi donc que ce Mercure a sa substance esleuable, aussi a il sa substance fixable. Quant à la premiere elle luy est innée d'elle mesme : Mais quant à la seconde encore qu'il l'ait en son centre (c'est à dire en puissance) elle ne peut toutesfois sortir en effect si non par le secours de l'art. Et pour mõstrer plus clairement par quelles voyes la Nature procedde en ses operations, i'estime estre bien raisonnable de dire icy quelque chose des causes & manieres de fixation. Reprenant donc cet axiome indubitable allegué dés le cõmencement de ce liure, qu'en l'ordre & constitution du monde est obseruée vne reigle infaillible & perpetuelle, que tout ce qui a vie doit auoir quelque duree en icelle, & que rien n'est produit soubs le Ciel qui n'ait quelque espece de vie en soy, ie diray que cette duree se fait par conseruation, aspirant à vne perpetuité. Car le but de la Nature est de vouloir perpetuer: estant le propre du bon autheur de vouloir tousiours cõseruer l'ouurage de ses mains, iusques à ce qu'il soit arriué au terme de la vieillesse; & que la lumiere de la vie s'esteigne par les froides bruines de la mort; aux pieds de laquelle il faut de necessité que toutes choses naissantes se prosternent, par cette ineuitable loy imposee à tout ce qui prend commencement, de prẽdre fin. Que si les choses demeuroient en leur premier extresme, qui est le naistre ou le commencer, sans s'auancer au second, qui est le mourir ou le finir: tout resteroit en son Cahos, ou pour mieux dire rien ne consisteroit, & seroient les principes de tout subiect inutiles, voire destruits d'eux mesmes. Pour euiter auquel inconuenient Nature a estably cet ordre & progression des choses, estant en continuelle actiõ & motion, c'est à dire conseruation & perpetuation. Or ce qui estend la vie, & mesme ce qui la conserue, ne peut estre sans quelque fixation & consistãce durable contre les assauts de la destruction: Et cette essence conseruatrice est en quelques expeces plus fixes qu'és autres, à raison dequoy elles sont de plus longue & durable vie, comme plus difficiles à destruire ou mortifier: ainsi que le Cerf & le Corbeau entre les animaux: Le chesne entre les plantes: & l'Or entre les mineraux. Ce qui leur vient de la commixtion des elements en eux plus egalle & plus digeste, en sorte que la mort, de qui le propre est de diuiser & disioindre, ne peut si facilement entrer en ces composez trop fermement liez & cimentez par vne forte digestion. Et tant plus les corps sont pourueus de ces deux remedes, tant moins sont ils subiects aux accidents de mortelle corruption. Mais parce que la Nature ne peut de soy mesme attein dre à la perfection de cette vnion & digestion, elle ne peut aussi de tout poinct sauuer ny garentir les corps de finalle destruction. Or l'industrie de l'art qui l'a tousiours surmontee (encore qu'il soit conduit par elle, & ne puisse rien de luy seul) considerant ces choses s'est efforcé de l'imiter & outrepasser par le propre cours de sa mesme voye. Car voyant qu'en tous corps la conseruation & prolongemẽt de vie se faisoit par chose tendante à fixation, laquelle mesme proceddoit par vnion & digestion, (car rien ne se peut fixer s'il n'est homogene & d'vne ſeule Nature, l'artiſte a imaginé & practiqué de trouuer la meſme choſe fixable, & la conduire à parfaitte fixation par les meſmes ſentiers, ordre, & operation de la Nature, aſſauoir par la ſeparation des parties eſtranges, en vniſſant les homogenes par longue & ingenieuſe digeſtion des choſes vnies. Mais d'autant qu'il n'y auoit moyen de la ſeparer ny tirer des corps indiuidus & ſpecifiques à cauſe de cette vnion compacte, & digeſtion ja par trop auancee en eux; il a eſté contrainct de le rechercher dans les flancs de la mere qui l'engẽdre, ſçauoir la terre, de laquelle toutes choſes procedẽt : Car le tirer d'ailleurs en ſon entiere & premiere vertu ſeroit œuure inutile, & choſe du tout impoſſible; & de la luy penſer redonner ſeroit vn labeur long & fort douteux. Qui a fait dire auec raiſon à certain Poete:

Icy, ou en nul lieu est ce que nous querons.

Et veritablemẽt ceux là se sont lourdement abusez qui ont suiuy des chemins escartez & tortueux, s'amusant à la commune signification ou escorse des parolles des sages, & non à la viue moelle de leur intention. Ils deuoient donc premierement sacrifier à l'infernalle Iunon ; car là estoit le chef & la source des choses. Les prudents & mieux entẽdus commẽcent toutes leurs œuures par la racine, & non par les rameaux : Elisant, (comme dit le docte Bacon) vne chose sur laquelle Nature a seulement commencé ses premieres operations, par l'assemblemẽt & mixtion proportionnee d'vn pur & vif mercure, auec semblable souphre congelez en masse solide : O parolles sacrees, esquelles ce bon Anglois, ou plustost ce bon Ange, a clairemẽt despeint cette vnique & vraye matiere dont tous les Philosophes ont tant escrit de volumes soubs diuerses figures, & fabuleux enigmes : non pour la cacher malicieusement; mais pour reseruer le priuilege de cette cognoissance aux doctes & pieux ; qui l'ayant vne fois descouuerte par leur assiduelle estude, & cheres experiẽces, la desguisent & ornent a leur tour. Et pour ne laisser aux maistres l'opinion que par ignorance i'apporte ce passage en cet endroit improprement , & prenne Martre pour Renard; voulant entẽdre que cette matiere si ingenieusement representee par Bacon soit ce premier & general Esprit que i'ay pris pour subiect de ce liure: ie les suppliray de croire que ie sçay bien qu'elle differẽce il y a entre le pere & le fils; ou entre l'engendreur & producteur & ce qu'il a produit & engendré. Osant dire sans vanité que ie cognois l'vn & l'autre par raiſon & experiẽce. Car le ſage a voulu inſtruire les inquiſiteurs des principes mineraux pour la confection de la pierre des Philoſophes; leur deſcouurãt la premiere matiere metalique preparee, cõpoſee, & ſpecifiee par Nature: Et ie traitte de la matiere vniuerſelle non encore ſpecifiee; qui ſe peut propremẽt dire matiere premiere de ceſte premiere matiere metalique; cõme eſtãt ce generalliſſime genre des gẽres tãt celebré par Raymond Lulle: mais ie me ſuis ſeruy de cette ſentence pour exemple & authorité, ſans toutefois qu'il y ayt rien d'abſurde, puiſque cet Eſprit vniuerſel eſt pere commun du mercure & du ſouphre cõtenus & proportionnez par Nature dans cet vnique ſubiect des maiſtres. Or ie deſire que l'artiſte curieux cõſidere icy deux choſes: l'vne de choiſir par ſubtile imagination vne Nature viuifiante & capable de conseruer tous corps: L'autre d'eslire vne chose qui se puisse de soy-mesme viuifier & r'engendrer. Et ne veux toutesfois entẽdre qu'il faille prẽdre deux choses ou matieres diuerses & separees, assauoir l'vne agente, & l'autre patiente, mais bien seulement vne qui ayt les deux vertus ensemble de viuifier & d'estre viuifiee. Quant à la viuification actiue i'en ay desia suffisamment parlé: mais quant à la passiue ie dy qu'il faut que tout principe ayt son origine en luymesme, car s'il naissoit d'ailleurs il ne seroit plus principe. Et puisqu'il donne l'estre à toutes choses il est necessaire qu'en les engendrãt il puise de luy mesme ce refournissement & perpetuelle plenitude: à cause dequoy il est en continuelle action & mouuement à viuification, qui l'empesche de mourir, parce qu'il n'est iamais delaissé de soymesme, ayant son mouuement mouuemẽt de luy & dedãs luy. Ce que Macrobe a subtilemẽt disputé sur le sõge de Scipion s'attachãt à l'ame de l'hõme, cõbien que sa dispute se peust encore mieux adapter à mon intẽtion, la faisant seruir pour l'ame ou Esprit du mõde, qui est le subiet que ie traitte. Parquoy de ses mesmes arguments ie tireray cettuy-cy: Tout ce qui se meut de soy est principe de mouuement & en cõtinuelle vie; celuy qui est en cõtinuelle vie ne peut auoir viuification que de soy, il est dõc luy mesme viuifiable? Or l'Esprit general du mõde est tel. Et puis qu'il se conuertit en corps dãs la terre; ou pour mieux dire qu'il y prẽd son siege pour se corporifier & cõuertir en terre; en laquelle (ainsi qu'a dit Hermes) toutes ses vertus, actions, & qualitez demeurent entieres, il s'ensuit qu'estãt vital, luy mesme se refournit de vie en se multipliant par sa propre vertu. Ce que nous aperceuons en ce Mercure vniuersel lequel se nourrit & refournit toujours dans sa miniere, de sorte qu'encore que l'on en tire ce qu'on pourra, si estce qu'il y recroistra autant qu'auparauant, & en quelque lieu qu'il soit ietté iamais il n'y deffaudra. Non pas que ie vueille dire qu'il s'engendre de la terre, mais en la terre, par toutes les parties de laquelle il rampe & s'espanche incessammēt par multiplication & vegetation. Ce que les anciens ont voulu signifier par ce serpent que Moyse mesme a dit aller glissant sur la terre & se nourrir de la poussiere d'icelle. C'est ce qui a meu les cabalistes de l'appeller Prince des sepulchres, d'autant qu'il y deuore & cōsomme les corps gisans lors qu'il les conuertit en terre. Non pas que les corps morts ny la terre soient son aliment, mais ils sont le siege où il se repaist & alimente. C'est le lieu où il se meut, tourne, & coule sãs repos, dont Medee aduertit Iason, luy disant:

Voy le Dragon veillant, de fureur forcené,
Qui d'escaille bruyante a le corps entourné:
Dont le gosier sifflant fumee & feu desserre:
Et qui par replis tors va baliant la terre
De sa large poitrine, en la poudre imprimant
Les sinueux sillons qu'il trace incessamment.

I'ay bien voulu mettre en ieu ces deux considerations, non seulement pour faire voir quelle doit estre la recherche de ce Mercure, mais aussi pour verifier que ce qu'il contient de fixable en luy n'est autre chose que cette essence viuifiante, laquelle estant deuement fixee perpetue & conserue la vie en tous corps où elle entre, en dechassant par sa pureté les excrements ; & parfaisant les choses imparfaittes par sa perfection. Le but de la fixation tant naturelle qu'artificielle est la perpetuation & conseruation, qui se font par le moyen de la teinture que le Mercure acquiert par cette fixation. Car la teinture est veritablement la vie: & la vie n'est autre chose que ce qui couure, peint, & colore le corps de ce teinct qui le fait paroistre vital; & qui se perd & ternit à l'aborder de la mort. C'est pourquoy Nature a voulu que le sang où consiste la vie feust teint en rouge: & que plus il seroit pur, clair, & vif en rougeur, le corps parust & feust en effect plus sain, plus beau, plus dispost, & plus vigoureux. Comme au contraire estant par accident troublé, espaissi, & chargé de noirceur aduste, ou changé en faulces couleurs, le corps sentist & patist la rigueur du mal en l'interieur, & en donnast les tesmoingnages au dehors par son descolorement. Nous remarquons le semblable au vegetaux desquels la vigueur vitale aparoist en leur viue verdeur, de laquelle le changement denonce la decadence, & acheminemẽt à leur mort. Le semblable est aux metaux, dont la perfection ou imperfection se discerne par leurs couleurs. L'or a de soymesme vne force aymantine qui atire les cœurs par le lustre brillant de son estincelante & pure teincture, en laquelle Nature a estallé tout ce qu'elle pouuoit de mieux, ayãt toutefois reserué à l'industrie de l'art de la surmõter encore, voire iusqu'en infinité, par la graduation supresme qu'il adiouste à cette splẽdeur naturelle qui luy aquiert nom de Soleil terrestre. L'artiste exalte donc par son labeur la couleur orangee en laquelle Nature a borné son pouuoir en ce precieux chef d'œuure, iusques au plus haut degré de rougeur obscure: par laquelle augmentation les metaux imparfaits sont colorez en certaine quãtité au degré naturel par la proiection de cette teinture artificielle: mõtrant bien que cette citrine couleur que la Nature a introduite en l'or n'est qu'vn acheminement à la rougeur, où gist le comble de la parfaitte vertu de conseruer & multiplier. Qui est cause que ce metal, quoy qu'excellẽt sur tous les autres, ne leur peut de soy departir perfection: ny plaine cõseruation aux corps humains: comme trop vrayement ont presumé & publié plusieurs milieres d'affronteurs, alchimistes, & paresseux Physiciens; les vns auec leurs amalgames, fusions, & dissolutions sophistiques; & les autres par leurs infusions fantastiques, & confections ridicules. Mais si ces deux especes de curieux s'estoient vn peu plus profondement plongez en cet Occean de merueilles, ils auroient recognu que la supresme rougeur acquise, est vn accident inseparable, produisant l'vn & l'autre miracle par l'excés de sa chaleur qui pourtant ne consomme que les superfluitez impures, & non la substance des corps ; qu'au contraire elle maintient & multiplie en toute egallité: combien que les philosophes la disent estre autant pardessus le feu vulgaire; que le vulgaire est par dessus la chaleur naturelle des animaux. Il est bien vray que Paracelse fait grand cas en son traitté des Teinctures de celle qu'il extraict de l'or par l'esprit du vin, & luy atttribue force belles vertus : aussi bien qu'à celles de l'anthimoine & du coral. Ausquelles il semble vouloir preferer celle du Mercure, qu'il dit deuenir toute teincture estant vne fois conduit à parfaitte fixation: & qu'il penetre les corps par leurs plus simples parties à cause de sa pure subtilité. Ce que ie ne croy nullement qu'il ait entendu dire du Mercure vulgaire, ains de celuy des sages, auquel seul l'art aydant la nature peut introduire ces deux choses, assauoir teincture parfaitte, & fixation accomplie, La teincture est donc, à propremẽt parler, la pure substãce des choses, & le corps n'est que l'excrement. Ce qui se manifeste bien en ce que les corps apres la separation de leur teinture demeurẽt inutiles, sans vertu, & corruptibles; tout ainsi qu'vne charongne priuee de vie, mouuement, & couleur vitale. Parquoy l'on peut dire que la teinture est le but de la fixation: affin que par sa permanente assiduité au feu elle acquiere vne perpetuation & conseruation au corps qui la reçoit. Or la maniere de paruenir à ce degré de fixatió où gist l'accóplissement de toute l'œuure, n'est autre que de conseruer par prudéce les choses legeres & fugitiues, & patiemment les accoustumer au feu, iusques à ce qu'ils le puissent souffrir tres-violent. C'est pourquoy tous les bons Autheurs ne preschent autre chose à leurs disciples que la patience, qu'ils disent estre de la part de Dieu, & la hastiueté de la part du diable. Surquoy ie diray pour maxime infaillible que rien ne se peut fixer sans precedente calcination, qui se doit faire par la conionction de l'esprit fixable auec chose entierement conuenable à sa nature, & qui le puisse retenir au feu de calcination, afin que par ce moyen s'accoustumant peu à peu à soustenir la chaleur, il soit plus apte à souffrir l'augment du feu dernier qui donne la fixation. Et la raiſon pourquoy l'on y doit proceder auec cette diſcretion, eſt que voulant par trop de promptitude precipiter cette operation, la ſpiritualité ſpecialle qui cauſe la teincture s'enuolleroit; abandonnant ſon corps ſans y pouuoir imprimer ſa vertu tingente. De ſorte qu'il faudroit neceſſairement redonner a ce corps examiné nouuel eſprit, parauant y pouuoir introduire la couleur deſiree: qui eſt l'vn des plus grands ſecrets de l'art ſpagirique: car c'eſt l'eſprit qui colore par le moyen du feu, & non autre choſe quelconque. Or cette teincture accóplie & ſouuerainement exaltee en noſtre Mercure, il s'enſuit qu'il s'eſleue au ſupreſme degré de perfection: voire (à parler comme Hermes) qu'il monte au Ciel. Si qu'apres auoir enduré tous les tourments mortels, il a repris nouuelle vie. C'est à dire que luy ayant fait passer les tenebreux destroicts de la putrefaction, enseuely dans le sepulchre d'vn vaisseau, il s'esleue neantmoins à la resurrection par le despouillement de toutes choses mortiferes & corrompantes; au moyen dequoy il a atteint le souuerain degré d'excellence. Ce qui se faict en separant la terre du feu; le subtil de l'espais, & puis en fixant par chaleur graduee les parties ainsi depurees. Mais pour parler sans embage ny enigmes, cette montee au Ciel (qui est la sublimation & exaltation de ces parties elabourees à perfection) ne se feroit iamais si la separatiõ & purification d'icelles n'auoit precedé, & donné lieu à la fixation qui est l'extresme & dernier but où l'art aspire. D'où nous remarquons qu'elle se fait pour deux fins principalles : l'vne pour perpetuer la teinture, l'autre pour separer & tirer du Mercure le soulfre volatil & brussable qui est en son centre, & qui n'en voudroit partir s'il n'estoit importuné par la longue action du feu continuel, qui doit estre reiglé, de peur que la precipitation violente feist esleuer dés le commencement le pur esprit du Mercure non encore affermi. Ce que le Comte de la Marche Treuisane a couuertement enseigné, disant: *que le fuyant ne s'enuole deuant le poursuiuãt, & que le feu se face de mainte maniere comme il veut estre fait.* C'est à dire que la partie spirituelle ne soit contrainćte par ardeur intemperee d'abandonner la partie corporelle qui en fin la doit fixer par l'action de son soulfre interne aydé du feu exterieur & commun, discrettement conduit par les degrez requis: où gist la principale industrie de l'operation. Mais (dira quelqu'vn) si la fixation luy acquiert auec cette subtilité penetrante vne permanence au feu, comment est il possible que par apres il se puisse derechef sublimer? qu'on luy redonne des ælles de cire, & l'on verra qu'il n'aura point de repos qu'il ne se soit esleué de terre pour essayer de sortir de la tour où il est enfermé. Qu'on prenne garde toutefois que trop à coup il ne vueille monter, de crainte que le Soleil fonde sa cire, & brusle ses plumes, le precipitant dans la mer. On fera donc cõme le sage Dedalle obseruant le milieu des deux extresmes: d'autant que si le vol est bas, l'humidité des ondes apesantira ses ælles: & s'il est hautin, le feu les bruslera. Ne fut ce pas l'impatient & aueugle desir qu'eut Icare de deuancer Dedalle qui le perdit malgré le paternel precepte? & d'où proceda le pernicieux trebuchemẽt de Phaëton guidant les cheuaux de Phebus, sinon pour s'estre estimé plus capable de cette conduitte que le maistre qui l'enseignoit? & qui luy auoit dit:

D'aller par ce chemin non ailleurs ie t'a-
uouë:
Remarque seulement les traces de ma
rouë:
Et pour donner par tout vne chaleur
egalle
Trop tost vers terre & Ciel ne monte ny
deualle:
Car en mõtant trop haut le Ciel tu brus-
leras:
Et deuallant trop bas la terre destruiras.
Mais si par le milieu ta carriere demeure
La cource est plus vnie & la voye plus
seure.

Toutefois ce n'est pas assez d'auoir dit ces choses, quoy que veritables, selon le sens mystique de nos deuãtiers: Il faut que i'explique leur intention enuelopeé dans le voile obscur de ces parolles fabuleuses, qui ne sont que pour les experts du mestier. Sçache donc tout curieux, & iamais ne sorte hors de cette lice; que quand Hermes a dit que cette chose monte de la terre au Ciel, puis de rechef descend du Ciel en terre, acquerant les vertus de tous les deux ensemble, il n'a point entendu par cette montee que la matiere se doiue esleuer ny sublimer au sommet du vaisseau: Mais seulement qu'en luy redonnant apres qu'elle est paruenue à la fixation parfaitte certaine portion de sa partie spirituelle (dont l'Hortulã dit qu'il faut auoir bonne quantité en reserue pour cet effect) elle se dissoudra & deuiẽdra toute spirituelle, quittant sa consistãce terrestre pour prendre l'aërienne, qui est le Ciel des Philosophes: puis estant paruenue à telle simplicité, elle sera congelee & ramenee en terre par nouuelle decoction

qui ſe fera par les meſmes degrez de chaleur, iuſques à ce que le corps ayt tellemẽt embraſſé l'Eſprit qu'ils ſoiẽt rendus inſeparables: ainſi aura elle la ſubtilité celeſte, & la fixation terreſtre. Suiuant donc touſiours le plein chemin de la nature, ſi cet Icare ne ſe pouuoit du tout eſleuer (c'eſt à dire ſubtilier) il luy faudra renforcer ſes æles, cõioignant nouuelles plumes auec nouuelle cire: c'eſt à dire par diſſolutions reiterees, que les maiſtres repetent ſi ſouuent qu'ils en ſemblent importuns: ſi ce n'eſt à ceux qui entendent la conſequence de telle repetition. Ce qui ſe fait pour mieux vnir les choſes en les meſlant par leurs moindres parties. A quoy l'on ne pourroit paruenir autrement, non plus qu'à la commixtion des deux ſans la purification de l'vn & de l'autre; en gardant toutefois exactemẽt la volatilité à l'eſprit deliuré d'impuritez

puritez terrestres: & acquerant entiere fixation au corps despoüillé de toutes feces internes. C'est donc par les dissolutions que cette chose monte au Ciel: & par les cōgelations qu'elle redescend en terre. Ce qui est naïuement exprimé par deux antiques vers Latins, que i'ay expliquez en ce quatrain:

Si le fixe tu sçais dissoudre,
Et le dissoult faire voller:
Puis le vollant fixer en poudre,
Tu as dequoy te consoler.

Ce corps ainsi glorifié montera donc au Ciel sur les æsles de son esprit : puis en la mesme perfection qu'il y sera monté il redeuallera en terre pour separer le bon du mauuais : pour conseruer & viuifier l'vn, pour tuer & consommer l'autre. C'est à sçauoir qu'en tous les corps où il entrera il en chassera l'impurité, amēdant & conseruant la pure substance d'iceux, car les reïterees ſolutions & fixations luy aurôt donné vne force de penetrer les corps, dans leſquels autrement il n'auroit peu entrer. Il faut donc replonger le ieune Hermaphrodite & la delicate Salmacis dãs la fontaine, afin qu'ils s'embraſſent; & que Salmacis rauie de contentement puiſſe dire: Auienne qu'en aucun temps ce bel adoleſcent ne ſoit ſeparé de moy, ny moy de luy; & qu'en mutuelle felicité amour perpetue noſtre conjonction: ainſi nos deux corps n'aurôt qu'vn cœur & vne meſme face. Puis faire que l'Iſle de Delle apparoiſſe immobile, portant Apollon & Diane que Latone y a enfantez. Fable qui ne veut nous apprendre autre choſe ſinon que l'on congele & fixe cette matiere diſſoute, en laquelle ſont contenus le Soleil & la Lune des Philoſophes. Ie n'entends pas (comme i'ay deſia dit) que le Lecteur de ce liure y penſe trouuer les Mines du Perou pour assouuir son auidité : bien qu'en plusieurs endroits i'aye fait assez voir aux dessillez que ie n'en ignore nullement les vrais chemins; quoy que ie ne me sois encore peu resoudre d'entreprendre vn si long voyage ; pour certaines raisons conformes a celles qui empeschérẽt le bon Treuisan par l'espace de deux ans apres qu'il en eut parfaite cognoissance par les liures. I'estalle donc seulemẽt icy vne drogue precieuse, ou plustost vn tresor inestimable que la pieuse Nature nous dõne pour l'entretien & prolongation de nostre vie, dont elle a receu de Dieu la charge & protection generalle. Ce que ie fais à la verité, porté d'vn louable desir de seruir au public de toute mon industrie; apres que l'Astre fauorable de l'experience m'a conduit au port salutaire ou ie tasche d'adresser les curieux. Car i'ay quelquefois si heureusement traitté cet Esprit vniuersel qu'auec vne trespetite quantité i'ay soulagé cent personnes presque accablez de diuerses infirmités: Il n'y a nul doute qu'vne infinité d'excellents esprits sont entrez fort auant en cette forest profonde & trauersee d'obscurs sentiers, qui la voyant remplie de monstres espouuentables se sont tellement estonnez que rebroussant chemin ils se sont diuertis d'vne si vtile entreprise. Ainsi qu'auec vn docte & ingenieux pinceau a misticquement depeint le gentil Poliphile ; le courage duquel toutefois n'ayāt iamais fléchi sous toutes ces terreurs Paniques, luy a donné l'audace de franchir l'vn & l'autre bord de cette forest noire: & surmontāt tous obstacles l'a conduit sain & sauf au plaisant & desiré sejour de sa chere Polia, r'enclose au riche temple de Vesta. I'auouë bien que le chemin qu'il tint est ouuert à chacun ; Mais tous n'ont pas comme luy le fillet d'Ariadne pour se conduire és destours de ce labyrinthe: & chacun n'est pas vn Thesee pour pouuoir surmonter le Minotaure. Il est certain que Nature (cõme treſcharitable mere) propose & offre à tous ce precieux & vnique tresor de vie : & Dieu, pere vniuersel, tient pour tous en toute saison amplemẽt ouuerte la porte de cette cauerne fatalle.

Dont à tous la descente est commune &
facile;
Mais de qui la sortie est chose difficile:
En l'vn se voit l'ouurage, en l'autre est le
labeur:
Peu d'hommes engendrez des Dieux ont
eu cet heur,
Fors ceux que Iupiter le iuste ayme &
suporte:
Où l'aile des vertus iusqu'aux Astres em-
porte.

Il faut donc premierement trouuer ce brillant rameau consacré à l'infernalle Iunon: duquel Virgile dit:

Que toute la forest tient couuert de ses
ombres,
Enfermé de rampars espais, obscurs, &
sombres:
Sans lequel il n'est point permis de de-
valler
Dans les lieux sousterrains. Toy donc qui
veux aller
Recherchant la vertu des secrets de Na-
ture,
Par l'inconnue horreur de mainte voye
obscure,
Où la faueur des Cieux te peut seule a-
uancer,
Cherche-le auec les yeux d'vn sublime
penser,
Et l'ayant descouuert, ta main pure &
sans tache
L'empoingne en reuerence, & prompte-
ment l'arrache,

Car il suit volontiers l'heureux qui l'a remis,
Depuis que les destins l'ōt vne fois permis:
Sinon, il n'y a force ou fer qui le destache,
Et plus fort on le cherche & plus fort il se cache.

Or si la nature a bien eu le soing de cacher ces choses, de peur qu'elles fussent prostituees indifferemmēt à tous, & que les pourceaux vinssent fleurer la marjollaine, ou, cōme l'on dit, fouiller au iardin ou croissent les roses: il ne se faut esmerueiller que les sages anciens & modernes se soient estudiez à ourdir tant de fabuleux voiles & figures enigmatiques pour les couurir en les monstrant: car ils sçauoiēt bien que la ceremonieuse Nature ne veut point qu'on la voye nuë. Autrement elle n'eust iamais pris la peine de se masquer de tant de formes diuerses & d'especes differentes, afin que par l'infinité de ces variables figures, ses venerables secrets feussent preseruez du mespris ordinairement commun aux choses trop cõmunes. C'est pourquoy i'en traitte encore icy auec mesme solemnité & retenue, pour ne tomber au peril de celuy qui diuulga les secrets mysteres des Deesses Eleusines, qu'il n'est encore permis à nul des mortels d'esclaircir, parce qu'elles veulent tousiours demeurer secrettes & chastes, & non pas se voir abandonnees a l'vsage public ainsi que courtisanes eshõtees. Et si i'en parle dignement à mon tour, ceux qui sont aduancez en l'inquisition de tels secrets le iugeront facilement, car l'experience est la vraye & irreprochable maistresse des choses. Au reste l'on ne doit trouuer estrange si i'ay quelquefois authorisé les operations naturelles & spagiriques par quelques cóformitez qu'elles ont aux sacrez mysteres du Christianisme, lesquels ie n'entens aucunement profaner, ains au contraire en celebrer l'excellence, & les faire toucher au doigt par les tesmoignages du soing que l'Eternel autheur du monde a eu de pourvoir au salut des ames & des corps. Qui a meu certain autheur tresdocte, descrire que la vraye Chimie (que Paracelse appelle Spagirie) suit pas à pas le train de l'euangile, parceque par son moyen, auec l'ayde du feu, sont esprouuees toutes les œuures & puissantes vertus de la Nature, que les anciens mesme insinuoient en leur vieille Theologie: comme les Bracmanes & Gimnosophistes en leur Gimnosophie: & sur tous les Ægyptiens: Car la magie de tout le Paganisme, ny les fabuleuses inuolutions des Poëtes n'estoient, & ne signifioyét autre chose que le discours de tout ce liure. Ce que le docte & subtil Brachesco a diligemment examiné, quoy que l'enuieux Toladanus ayt escrit contre, apres s'estre veu deceu en l'experience du secret que par importunité il croyoit auoir arraché de luy: s'estât imaginé qu'il tenoit l'escume du fer commun pour le Mercure des sages, puis qu'il luy auoit asseuré qu'il se tire d'vne chose vile, de petit prix, & que l'on iette par les rues: Ne prenant pas garde que les maistres discrets desguisent leur vraye matiere en luy donnant le nom de tous les metaux, sans tromperie aucune: car ceux qui la connoissent sçauēt trop qu'elle les contiēt tous sept ensemble: & leur demãderois volontiers s'ils croyent que le Cosmopolitain ayt entendu parler de l'Acier vulgaire, quand il a dit en son enigme, que Neptune luy monstra soubs vne roche deux mines cachées, l'vne d'Or & l'autre d'Acier. Il est trop habile homme pour auoir eu vne si friuolle pensee: mais il a nommé sa matiere de ce nom pour la conformité qu'elle a par son lustre poly auec l'acier. Et vrayment c'eust esté chose bien indigne du nom de sage à Brachesco de descouurir en vn moment vn secret qu'il auoit peut estre acheté des deux tiers de son age. Mais afin que ie dye ma part du sens couuert sous ces Mithologies, voyons nous pas clairement que l'antique Demogorgon pere de tous les Dieux, ou plustost de tous les membres du monde, que l'on dit habiter au centre de la terre, couuert d'vne chappe verde & ferrugineuse, nourrissant toutes sortes d'animaux, n'est autre chose que l'Esprit vniuersel qui du ventre du Cahos obeissant à la voix du Seigneur meit en lumiere les Cieux, les Elements, & tout ce qui est en iceux, qu'il a toujours depuis entretenus & viuifiez: car il se loge veritablemẽt au milieu de la terre, ainsi que ie l'ay amplement declaré au commencement de ce liure, c'est a dire, au centre du mõde où il est placé comme en son trosne, & d'où comme du cœur de ce grãd corps, & siege de la vie vniuerselle il produit, anime, & nourrit tout: Mais ce mãteau verd & ferrugine dont il est reuestu, peut il estre imaginé autre chose que la superficie de la terre qui l'enueloppe, laquelle est noirastre & de couleur de fer, esmaillee & peinte de toutes sortes d'herbes & de fleurs. Virgile parfaittement instruit en tous ces secrets mystiques, a donné à cet Esprit ou ame du monde le nom de Iupiter, qu'il fait inuoquer à son pasteur Damete pour le principe de ses chants, d'autant (dit il) que de luy toutes choses sont remplies. Et ce Dieu des forests Pan, adoré des bergers, peut estre tenu pour la mesme chose. Car outre ce nom qui signifie tout, on le fait encore seigneur des foreste, parce que les Grecs le tenoiét pour recteur du Cahos qu'ils nomment autrement Hilé, signifiant vne forest. Orphee en son Hymne l'appelle donc:

Pan le fort, le subtil, l'entier, l'vniuersel.
Tout air, tout eau, tout terre, & tout feu
immortel.
Qui sieds auec le temps dedans vn trosne
mesme,
Au regne inferieur, au moyen, au supréme.
Conceuant, engendrant, produisant, gar-
dant tout:
Principe en tout, de tout, qui de tout viens
à bout.
Germe du feu, de l'air, de la terre, & de
l'onde.
Grand esprit auiuant tous les membres
du monde,
Qui vas du tout en tout les natures chan-
geant,

Pour ame vniuerselle en tous corps te logeant,
Ausquels tu donnes estre, & mouuement, & vie:
Prouuant par mille effects ta puissance infinie.

Saturne, fils de Cœlie & de Vesta, (qui sont le Ciel & la Terre) & mary d'Opis sa sœur, (qui est cette vertu aydante & conseruatrice de tout) represente le mesme Demogorgon. Car ses enfans qu'il deuore & puis les reuomit, sont-ce pas les corps ausquels il a donné l'estre en chacun des trois genres, lesquels en leur fin se reduisent en luy, pour en reproduire de nouueaux: afin que par cette perpetuelle vicissitude, l'ordre estably dés la creation du monde, puisse à iamais s'entretenir & cõseruer? On le peint chenu & sordide: la teste couuerte: la main armee d'vne faux: & pour sa deuise on luy donne vn serpent qui se recourbãt en figure circulaire, mord sa queuë. Il est veritablement tres-vieil, puis qu'il est principe de tout: Il a les cheueux & la barbe blãche, qui luy võt croissãt cõme il se void en maint endroit, ne plus ne moins que font les choses germinantes. Il est sordide & mal propre de luy mesme, à cause de la terrestre immondicité qui se ioint à luy, pleine d'adustion sulphuree & corrompante. *Sa teste* est couuerte; C'est à dire que le chef de sa perfection est caché soubs le voille de son impurité, qui le rend incognu de plusieurs; ioint la difficulté de son obscure recherche. *Sa faux*, est la mordante pončticité dont il tranche & deuore tout. Et le serpent qui mord sa queue, est sa vertu & nature regenerante, par laquelle il se refournit & r'engendre luy mesme ainsi que l'on dit du Phœnix: à cause dequoy on luy dõne quelquefois ce nom. De sorte qu'il est tousiours comme en ronde & indeficiente croissance, rampant par la terre à la façon des serpents. I'entens desia quelqu'vn me releuer, & dire que c'est bien mal conceu à moy l'intention des inuenteurs de cette fabuleuse description de Saturne, qu'ils ont pris pour le plomb. D'autant que selon les escrits de tous les sçauants en la generation des metaux, c'est le plus ancien & premier né de tous, par la naturelle congelation du Mercure és veines des rochers. Lequel deuore tous les autres à cause de sa crudité qui le rend abondant en Sel; car c'est du Sel que luy prouient cette mordante & deuorãte action; comme il s'esprouue assez par les coupelles de afineurs, où il reuomit l'Or & l'Argent, qu'il a bien eu puissãce d'engloutir, mais non de cõsommer & destruire; parce qu'en leur decoction ils ont

ils ont acquis vne fermeté & fixation capable de resister à la debile chaleur de son estomach auide. Ie ne reprouue entierement ce sens, d'autant qu'il est conforme en quelques poincts à la description susdite; mais ne l'estãt pas en tous comme est celuy que i'ay deschiffré, ie me persuade que si nous passons par le iugement des experts, le dementy ne sera point pour moy; Maye representoit la terre, ainsi appellee, comme ayeule ou grande mere de laquelle cet esprit ou Mercure vniuersel prend sa naissance de la pure & inuisible semence de Iupiter, qui est l'air. Car il sort veritablement d'elle par ce moyen; comme explique fort discrettement ce docte Cosmopolitain en ses riches traittez. Ce Mercure est peint auec des ælles en plusieurs endroicts, pour monstrer qu'il est fuyant & volatil de sa Nature. Sa teste est couuerte d'vn chapeau, pour les mesmes raisons que i'ay n'aguiere alleguees en parlant de Saturne. Il porte vn caducee & verge fatalle entortillee de serpents, tant pour signifier sa vertu renouatrice, que pour ce que i'ay dit du serpent de Saturne. Auec laquelle verge il ouure le Ciel & la Terre; & donne la mort & la vie. Or cette verge represente la puissante Nature, par laquelle montant au Ciel & descendant aux enfers, c'est à dire en la terre, il acquiert les vertus des choses superieures & inferieures. Par cette mesme puissance il tire les ames de l'Orque, endort, & ferme les yeux d'vn sommeil Eternel, ainsi que châte Virgile. Aussi est il appellé de quelques vns Theriaque & Venin, asçauoir mort & vie; selon l'vsage & les doses d'iceluy, parce que toute la vie consiste en Temperance & Iustice, & la mort en l'excés, qui est leur contraire. Il y a vne infinité de semblables mysteres en cette payenne Theologie qui n'ont autre but que celuy auquel ie vise. Mais il faudroit vn ample volume à part : & craindrois d'ennuyer le Lecteur par les trop frequentes repetitions de mesmes choses. Il me suffira donc d'en auoir superficiellement discouru ce peu, pour donner à cognoistre que tous ces commentaires mithologiques auec leurs sens historiaux allegoriques, & autres fantasques resueries, n'ont iamais dóné tour ny atteinte aux secrettes fixions Poetiques; dont la plusspart ne sont inuentees que pour insinuer couuertement les admirables operations de la naturelle spagirique. Cóme entre les autres celle de Iason & Medee, selon le tesmoignage de Suidas elegamment raporté par Crisogone Polidore en sa preface sur les œuures de Geber. En faueur de laquelle ie me dispenseray du silence promis, pour declarer que ce nom de Medee veut dire cogitation, meditation, ou inuestigation ; tirant sa dériuation d'vn mot qui signifie Principe, Origine, source, ou raison. Car toute meditation, cogitation, ou inuestigatiõ, doit sans doute auoir quelque principe ou raison pour fondement sur qui elle soit apuyee, & d'où elle sorte: luy donnant occasion de faire telle recherche auec ratiocination. Cette Medee apprit à Iason (qui est l'inquisiteur ou Philosophe) deux choses ausquelles consiste toute la Philosophie. La premiere est de conquester la toison d'or, qui est l'art destiné aux transmutations metalliques auec les choses mineralles. La seconde est la restauration des corps debilitez par maladies ; en les guarissant promptement & parfaittement : puis leur restituant cette ieunesse ou premiere vigueur allentie, & presque esteinte par le froid aconit des ans: Chassant des corps par cette medecine vniquement vniuerselle, toutes humeurs & superfluitez corrompues & corrompantes qui les conduisent à leur fin, le plus souuent precipitee par l'excés de tels accidents impreueus. Ces deux miraculeux effects furent atteints & accomplis par Iason, obseruant religieusement les vtiles conseils de la sage Medee: apres toutesfois vne longue & laborieuse nauigation suiuie d'infinis perilleux hazards, à cause du dragon & des Taureaux qu'il luy conuient dompter. Or cette nauigation est la penible recherche & douteuse experience des choses, où l'on vogue souuët tout le temps de la vie sans pouuoir arriuer au port de cette immense mer de la Nature. Ces Taureaux monstrueux qu'il faut assuiettir & accoupler au ioug, sont les fourneaux ou se doiuent faire les operations; lesquels representent naïuement la teste d'vn Taureau, & iettent le feu par les yeux & la gorge, ainsi que dit la fable. Car il est necessaire qu'il y ait des souspiraux par lesquels soient reiglez les degrez de la chaleur, & le feu preserué d'estouffement, d'autant que si l'on n'est maistre du feu il ariuera beaucoup d'accidents pẽdant le cours de l'œuure, qui frauderoit l'ouurier de son attente. I'en puis parler comme expert: car de neuf vaisseaux que ie mis en decoction pour trouuer le vray degré de chaleur, les huit perirent; & ne me resta que celuy par le moyen duquel furent faites les experiences dont i'ay cy deuãt parlé. Ce dragon toujours veillãt est ce Mercure general que Cadmus sceut autrefois tuër, c'est à dire fixer. Le champ de Mars où il falloit semer les dents du serpẽt martial, n'est autre chose que le vaisseau dans lequel s'esleuẽt ces soldats armez de lances aigües. Lequel vaisseau ne doit point estre en cet endroit vn allembic de verre comme pense & dit Pollidore: Mais vne forme de Cabacet ainsi que dit la fable, estroit en bas & s'eslargissant fort par le haut. Et faut qu'il soit de bonne terre bien cuitte: & non de fer ou de verre. Au fond duquel s'esleuera vn camp armé & herissé de lances, qui semblent horriblement irritees, se coucher l'vne contre l'autre pour combatre ainsi qu'en plain champ de bataille. Voila ce qu'a ingenieusement inuẽté le Poëte, pour faire admirer au vulgaire comme fort estrange & inouïe, vne chose tellement familiere, que si ie la nommois on se mocqueroit de luy & de moy. Mais apres que Iason eut accomply ses labeurs, il luy fallut encore endormir le dragon veillant qui gardoit la toison d'Or; & l'assoupir de sorte que de son gosier ne sortist plus ny feu ny fumee. Ce qu'il feit, en le noyãt dans les eaux Stigiennes: c'est à dire, en le redissoluant & refixant auec son esprit. Il ne restoit donc plus à Iason pour posseder la toison d'Or, & rajeunir son pere Aeson agraué de vieillesse extreſme, sinon vn seul labeur que Medee luy enseigna pour couronner ses bons offices; c'estoit la fermentation & conjonction du beurre du Soleil auec la paste de ce Mercure preparé; qui de soy n'est capable de produire deux si excellents effects: n'estant à vray dire, que la terre où lon doit semer le pur froment que Nature a produit & conduit à la perfection qui luy est concedee. Par ce dernier labeur il se veid en fin maistre de ce double tresor, qu'il emporta glorieusement au lieu de sa naissance : auec lequel il se combla de richesses, & sõ vieil pere de vigoureuse santé ; banissant de luy les importunes langueurs que traisne apres soy le long age. Ie laisseray donc maintenãt Iason & sa Medee iouir de leur felicité, & diray seulement que rien ne pourroit estre exprimé par ce dragon veillant & iettant le feu par la gorge, plus proprement que nostre esprit ou Mercure, qui est la chose du monde la plus viue & inflammable : Estant à cette occasion appellé eau ardante, ou de vie, parce comme dit Brachesco qu'elle ard soudainemẽt auant sa coagulation, & n'est pas eau de vigne ains de vie, à cause qu'elle viuifie tout. Que si on le contemple en son aparente superficie, qui pensera iamais qu'il y ayt en luy quelque chose de fixe & non consomptible, veu que si legerement il s'alume & s'esuanouit au moindre attouchement du feu ? Ny qu'il y eust en son centre vne vertu conseruatrice de la vie, monstrant euidemmeat qu'il est tout enueloppé de mortel venin, destruisāt plustost que viuifiant? Mais comme Dieu constitua le Cherubin ardant auec le glaiue enflāmé pour garder l'arbre de vie, aussi Nature a estably ce dragon veillant & iette-feu pour empescher l'entree du iardin où elle a plāté l'arbre precieux portant les pommes dorees; c'est à dire la congnoissance des plus occultes secrets de sō tresor: que les doctes antiens ne vouloient nullemēt escrire, ains seulement enseigner de bouche à ceux qu'ils en cognoissoient dignes. Qui a esté la cause que ces grādes & admirables piéces se sont esuanouies, & par laps de temps ont esté tenues des ignorants pour contes faits à plaisir. Ce qu'Esdras preuoyāt deuoir auenir par les banissemens, tueries, fuittes,

& captiuitez de la gent Israelite, & craignāt que tels arcanes perissent, parce que sans le benefice de l'escriture la memoire des hōmes ne pouuoit estre grandement durable, il assembla tous les sages qui restoient iusques au nombre de septante, lesquels reduirent ces choses auec luy en autāt de liures, comme il se tesmoigne quand il dit: apres quarāte iours le Seigneur parla, disant: les choses que tu as premierement escrittes propose les publiquement afin que tous les lisent: mais les derniers septante liures tu les conserueras afin de les bailler aux sages de ton peuple, car en iceux est contenue la veuë, l'intelligence & la source: Et ie le fis ainsi. Pic de la Mirandolle estimé de son temps vn miracle en doctrine, parle de ces liures auec tresgrande reuerēce: & voicy ses parolles. Ceux cy (dit il) sont les septāte liures de la caballe, esquels à bō droit esdras a dit hautemẽt que gisent la veuë, l'intelligence & la source, c'est à dire l'inestimable Theologie de la supresme diuinité: la fontaine de sapience: l'entiere methaphisique des intelligences: le fleuue de science, c'est à dire la tresferme Philosophie des choses naturelles. Ces liures ayant esté longuement cachez furent par Xiste Pôtife quatriesme du nom comẽcez à traduire en langue Latine pour l'vtilité de nostre religion; mais ce bon œuure fut interrompu par sa mort. Toutefois ils sont en telle estime & reuerence entre les Hebrieux qu'il n'est licite à aucun de les toucher s'il n'a l'aage de quarãte ans. Et c'est vne chose admirable qu'il y a en cette doctrine cabalique auec les decrets quelques points du Christianisme. Tout cecy est tiré de mot à mot des escrits de ce renommé Comte de la Mirandolle.

Or n'ayant a mon auis rien oublié de ce qui estoit necessaire au dessein que ie me suis proposé d'interpreter selon mon sens le contenu de la table d'Hermes, qui est vne obscure Caballe Philosophique; ie me retireray de cet Ocean de merueilles, pour m'essuyer aux rays du Soleil de vos faueurs : disant pour adieu à vostre Altesse, & prouuãt par raisons legitimes, que la vraye Philosophie est l'heur, l'honneur, & la gloire de tout le monde.

TROISIESME LIVRE

QVelque magnifique & ingenieux Prince voulant bastir vn somptueux Palais, commandera aux Architectes qu'ayant ordōné l'assiete des principaux membres, & designé leurs enrichissements: ils prattiquent au lieu plus seur & commode vn cabinet où il puisse retirer & conseruer ses tresors & plus precieux tiltres. Afin qu'outre le plaisir qu'il pourra prendre en cela, il puisse à point nommé en tirer luy mesme ce qu'il voudra donner; sans que les effects de sa liberalité dependent d'autres que de luy. Car il aduient souuent à plusieurs grands qu'ils sont indignement contraincts de mandier de leurs seruiteurs(au hazard mesme d'vn impudēt refus)vn present de peu de valleur dōt ils desirent recognoistre les merites de quelque homme vertueux.

Ce prince, est la riche & abondante Nature, qui par la meditation diuine a construict ce grand Palais du monde; au milieu duquel elle a placé le globe de la terre pour luy seruir de cabinet, &

y assembler ce qu'elle a de plus precieux par les contributions qu'elle exige de tous les autres membres & Prouinces de l'vniuers. Tirant incessamment de ce tresor inespuisable l'entretien de son bastiment, & la substantation de toutes ses creatures. Lesquelles pour cette cause elle a logees en icelle, afin d'estre comme les enfans tousiours proche de la mamelle de leur mere. Car tout ce qui vit au monde habite en cette terre, sentant bien par vn instinct naturel qu'en elle est assis le magasin & source de la vie. C'est pourquoy les corps sensibles discourent & vont autour d'icelle à la recherche de leur aliment, lequel comme benigne mere elle donne & fournit aux insensibles: substãtant & augmentant les vns & les autres par le benefice de vegetation. De sorte que ceux qui sont attachez à elle par les racines, comme l'enfant au ventre de sa mere par le nombril, reçoiuent & tirent d'elle sans trauail leur manger & leur boire, C'est à dire leur vie, qui leur manque aussi tost qu'ils en sont separez & retranchez: Comme nous l'apperceuons iournellement aux arbres, arrachez, & branches couppees. Mais les autres qui n'y sont liez par attachemēt, pourchassent & ne cherchent qu'en elle cette vie qu'ils cognoissent y estre cachee: Les vns par le seul enseignement de Nature: Les autres par aduertissement d'experience ioinct à celuy de Nature encore. En quoy certainement toutes ces creatures font bien voir qu'en la terre est vn tres-riche & perpetuel tresor de vie: & qu'elles r'entreroient volōtiers en ses entrailles pour en estre plus abōdamment participantes. Ce qui a dōné subiect à l'homme (auquel comme plus excellent d'esprit, a esté concedé du Ciel du Ciel de pouuoir rechercher & descouurir les choses par les raisons) d'entrer en la curiosité du prolongement de la vie; qu'il a iugé deuoir estre tiree & puisee de cette terre qui la depart à tout, nourrissant, soustenant, & conseruant tout: & qui iamais ne diminüe ou manque en sa puissante fecondité: car son centre est tousiours fourny & plein de cet esprit viuisiant: n'estimant donc rien si precieux & cher que le tresor de la vie, pour laquelle seule il se hazarde à tous perils, & soubmet à tous trauaux, & souuent inutilement; il a voulu surpasser tous autres animaux en cette curieuse recherche: afin que comme il est creé de Dieu tres-parfaict au respect de toutes autres creatures terriennes, il s'esleuast d'vn vol plus hardy à la cognoissance des choses. Car encore que les brutes ayent commune auec nous cette maniere de raison, qui est selon l'ame vitale, que les Grecs appellent raison cachee au dedans, & que les vns en ayent plus que les autres ; si est-ce qu'ils ne sont capables des arts, excepté quelques vns, comme a dit Galien, ausquels toutesfois la dexterité vient plustost par nature que par institutiõ, qui ne peut bonnemẽt tomber qu'en l'homme; lequel seul se doit dire capable de les apprendre, & enseigner aux autres, contemplãt par l'œil d'vne profonde & plus qu'humaine cogitation les choses cachees dans la terre, soubs les eaux, voire mesme au dessus des Cieux: & de sa propre industrie acquerant le [illegible]us parfait de tous les biens, qui est la philosophie: parce que le Ciel & la Nature ont comme à l'enuy l'vn de l'autre contribué leur mieux pour sa perfection. I'estime donc n'estre hors de propos de rapporter icy quelques vers, où j'ay depeint cette excellence en certain dialogue, auque lie faits disputer Thimon & Philon sur la felicité ou infelicité de l'homme.

PHILON.

Suprimant du procés les deux tiltres meilleurs,
Tu produits l'inuentaire & l'extrait des malheurs,
Et pour rendre la cause obscure & my-partie,
Tu nous dépeints tout l'homme en sa moindre partie:
Partie où luist pourtant parmy l'humanité
Je ne sçay quoy de grand qui sent sa deité.
Mais considere l'homme en sa forme plus digne;
Forme dont estincelle vne lumiere insigne
Qui tout autre animal force à le redouter;

A receuoir ses loix & se laisser dompter.
Voy ce noble intellect, ce vif esprit qui volle
Du Leuant au Couchant, de l'vn à l'autre Polle
En l'instant d'vn moment, sur l'æle du penser
Que Mercure ou Iris ne sçauroient deuancer.
Aigle qui d'vn œil fixe en leur splendeur regarde
Le Soleil iaunissant & la Lune blaffarde,
Qui a cognu leur trace, & distingué les tours
Que l'vn & l'autre acheue en parfaisant son cours,
Qui clarifiant l'ombré & les nocturnes voilles
A veu des plus hauts Cieux les dernieres estoilles:
Et nous a ramené les occultes raisons

Pourquoy leurs cours diuers vont chan-
geant les saisons,
Comment ces yeux diuins pleurent leurs
influences,
Pour animer les corps de celestes essences.
Comment du plus subtil de ces perleuses
pleurs
Se fait l'émail exquis des printannieres
fleurs,
Du moins subtil la feuille, & du plus gros
l'escorce:
Qui malgré les saisons maintient l'arbre
en sa force:
Comment l'Esprit du monde unique &
general
Produit un triple genre, & en tous est
égal:
Comme en sa pureté les gemmes il procrée,
Et l'Or dans les boiaux de la terre il con-
cree,
Puis comment cet esprit de tous corps est
extraict

Pour l'opposer aux coups de l'homicide
traict.
Cet intellect fut l'œil dont on dit que
Lincee
Auoit des grands rochers l'espaisseur
transpercee,
Veu Pluton en son trosne & cognu ce
que font
Les Nymphes sous l'azur de l'Occean
profond:
Comment la riche perle est produitte, &
s'augmente
Dans le marbre poly de sa couche luisãte.
Et comment le coral seroit pris des nau-
chers
Ainsi qu'vne herbe molle attachee aux
rochers.
Qui a fait voyager par mer comme par
terre,
Deffendre & augmenter son pays par la
guerre,
Construire des Citez, & les fortifier,

Attendre vn ennemy, ou l'aller deffier.
Qui du grand corps du monde a fait l'anathomie,
Imité des hauts Cieux l'Angelique harmonie
Et qui a tout reduit aux equitables loix
Du compas, de la reigle, & du nombre, & du poids.

C'est pourquoy Dieu le crea la face & la veuë esleuee vers le Ciel, non pas inclinee & flechissant vers la Terre, ainsi qu'aux autres animaux desnuez de raison, qui n'ont soin que de la mãgeaille. De sorte que rien ne manque à sa perfection qu'vne vie plus lõgue, & moins trauersee d'ennuys & maladies, pour pouuoir atteindre l'entiere cognoissance des choses, & faire valloir cet impreciable ioyau d'intelligence dont il est seul gratifié par vn special priuilege. Cette imagination feist naistre l'audace a Paracelce de murmurer contre Nature, l'accusant d'inconsideration en ce qu'elle a dõné à quelques animaux irraisonnables & inutilles l'vsufruit d'vne tres longue & saine vie, combien que cette grace leur soit indifferente: & qu'elle a desnié aux hommes ce bien tant desiré & necessaire, veu que c'estoit le seul moyen de les rẽdre accomplis aux plus rares sciences. L'homme a donc genereusement resolu de s'acquerir par art ce que Nature luy auoit refusé, de sorte que deploy ãt les forces de cet intellect il a entrepris de monter par l'eschelle de la Philosophie au plus haut estage des secrets naturels, à sçauoir à la restauration & prolongement de la vie, outre les communes bornes de leur espece. Car en cela gist la fin & principal but de tous les Philosophes, qui ne sceurẽt iamais rien trouuer de plus grãd parmy la spacieuse forest de l'inuestigation des arcanes du monde : duquel sans doute cette Philosophie est l'heur, l'honneur & la gloire. Car en tout l'vniuers il se remarque seulement trois sortes de biens: asçauoir ceux qu'on attribue à la fortune, cõme les richesses, grandeurs, & dignitez. Ceux qu'on donne à la felicité du corps, comme la ieunesse, la santé, la force, & la dispositió. Et ceux qui apartiennent à l'esprit, qui sont les sciences. Quand aux deux premiers ils sont incertains & perissables, & ne peuuent d'eux mesmes conseruer ny asseurer la plus necessaire partie de l'homme, qui est la vie : d'autant que les vns & les autres sont subjets à mutation & decadence. Mais le tiers estant aquis par moyen plus solide, peut non seulemẽt donner les deux autres, mais encore les munir contre les accidẽts du sort & de la corruption mortelle, de l'asseurance & conseruation qui leur manque. I'entens toutefois ce qui en effect est veritablement sciẽce, comme est la parfaite cognoissance des œuures & secrets de Nature: pour monter à laquelle, toutes les autres ne sont que simples eschelõs. C'est pourquoy les hommes excellents ont tenu fort peu de compte du premier de ces trois biens, qu'ils ont negligé, voire abhorré pour vacquer plus librement à la poursuitte & acquisition des deux autres. Mais bien plus ardammẽt à celle du tiers, cõme celuy de qui depend absolument la seure & libre possession des precedens. Car comme en toutes creatures il n'y a rien de plus exquis ny desirable que la vie, qui donne sentiment, vegetation, & consistence à tout; aussi n'est il rien de plus riche & precieux que ce qui la peut entretenir & conseruer outre l'vsage commun. Or est il tout apparẽt que la vie est vne chose celeste & diuine: ce qui la peut entretenir doit donc estre de pareille nature, pource que toutes choses sont entretenues de cela mesme dont elles sont proceddees. Mais encore veux ie plustost dire que ce cõseruateur de vie est la vie mesme. Car l'estendue & prolongement d'icelle se fait par addition & refournissemẽt, afin d'euiter le vuide ou defaillance en icelle. Les viandes que nous prenons ne nous seruent que de cela, parce qu'elles participent de la vie de l'vniuers; & en contiennent en elles quelque particule, que le cuisinier de Nature en tire & exprime pour la ioindre à la nostre. Mais parce que le peu qu'elles en ont est trop enueloppé de corruption excrementeuse, & n'est parfaittement fixe pour resister aux assauts de la destruction, qui est ce feu contre nature, lequel sans cesse agist pour essayer à la bannir de nous auec l'humide radicial, & l'enleuer hors de son domicile; il seroit impossible à l'hõme d'acquerir par les viandes seulles cette longueur de vie. Parquoy c'est force de la tirer des corps plus purs; & la desuelopper encore de tout ce qui la pourroit infecter & empescher de produire en nous l'effect auquel le Ciel l'a destinee, qui est d'acroistre & viuifier la nostre. Mais plustost est il tresnecessaire d'entrer au corps du monde, & y prẽdre cette generalle vie qui ne defaut iamais; ains porte en elle mesme sa multiplication & dilatation, afin de la produire apres en nous, autãt que les forces de nostre naturelle composition le pourront porter: car il ne faut pas estimer que par cela nous puissions deuenir immortels, puisque tout ce qui porte masse corporelle en soy, c'est à dire excrement & corruption, ne se peut perpetuer. Et faudroit que nous feussiõs despouillés de tout corps auparauãt que nous peussions arriuer à ce tiltre: parce qu'apres ce despouillement nostre vie demeurant libre, ressemble veritablement à la vie vniuerselle du grand monde, à laquelle se reünissãt elle se resioüit en icelle comme en sa propre nature, suiuant la reigle qui veut que tout retourne au lieu d'où il est party. Ce que Theophraste a voulu entẽdre par l'ame de ceux qui viuront au quint, c'est à dire, qui serõt desliez de la masse composee des quatre elements, & viuront en vn cinquiesme plus parfait que les quatre: secret que la seule intelligence embasmee de l'essentielle odeur de la Philosophie est capable de comprendre. Car ce quint element n'est pas vne chose situee au dessus de la terre, de l'eau, de l'air, & du feu, comme ayant à la separation du Cahos monté plus haut qu'eux à cause d'vne plus grande legereté : Mais c'est proprement vn Esprit simple de soy, qui se mesle indifferemment par tout; qui nourrit & anime tout, & donne essence à toutes choses : estant neantmoins en son centre (c'est à dire, en sa propre nature) libre de toute corporeité, qui est le vray domicile de la mort. Car puisque la consistence luy prouient des corps, il faut de necessité qu'auant cette consistéce & specification il soit tressimple & purement spirituel, non meslé ny embrouillé dans la confusion des elements assemblez, & par consequent non subiect à corruption & mortification : laquelle mortification aux corps n'est pourtāt pas l'aneantissemēt de cest Esprit, mais seulement la separation & bānissemēt d'iceluy: pource que sentant le soufre corrompāt qui maistrise tout le corps, s'emparer d'iceluy & l'occuper entierement, il est contraint d'abandonner la place, & s'en retourner d'où il est venu, asçauoir au centre de cette grande sphere de vie, laissant les masses corporelles & excrementeuses à la terre d'où elles furent prises. Or d'autant que ce grand monde & sa vie consistent en forme spherique, qui est la rondeur indeficiente, les sages anciens ont pris argument de l'estimer eternel ; & que toutes les lignes & la circonference du globe proceddent du centre, comme d'vne source : Car elles sont l'vne & l'autre faites de points indiuidus, la longue ou rõde estendue desquels ne sçauroit seulement estre imaginee sans vn centre. Il est bien raisonnable de croire que le centre de la vie vniuerselle est le siege du plus grand de tous les tresors du monde, duquel la terre est le vray point central. Aussi le cẽtre de la vie est en icelle terre, qui a esté choisie par cette vniuerselle mere de famille pour cabinet & magasin de ses richesses, qu'elle y amasse & assemble pour les en tirer à propos & les employer à l'entretien de son admirable edifice, & substentation de ses enfans & domestiques. Celuy donc qui aura le Ciel si propice qu'il puisse vne fois entrer dans ce riche & somptueux cabinet, duquel la seule Philosophie porte la clef, aura-il pas suiet de dire qu'il a monté au Ciel comme ces deux esleuz de Dieu Enoch & Helie: & deuallé iusqu'aux enfers comme ces trois Heros Orphee, Hercule, & Thesee? Mais ces faueurs singulieres ne sont concedees sinon aux enfans des Dieux, qui sous la benediction paternelle en ont peu obtenir l'ouuerture par la main secourable de cette Royne des Arts, la profonde Philosophie, que l'on peut iustement nommer l'heur, l'honneur, & gloire

&gloire du monde, puisqu'elle exalte l'homme par dessus l'homme mesme, d'vne distance autant essoingnee que celle qui separe le Ciel d'auec la Terre: Et enrichit, honore, & decore ses amants par dessus l'excellence humaine de tous autres, autant ou plus que Cræsus surpassoit en opulence le pauure Irus d'Homere, que le midy du plus beau iour d'Esté passe en lumineuse ardeur la plus obscure & froide nuict d'Hyuer: ou que le brillāt & pur or surmōte en lustre, valeur, & vertu la vile crasse du fer. O grande, ô venerable, ô diuine Philosophie! qu'heureux est le mortel à qui tu fais la grace de daigner receuoir ses vœuz, d'exaucer ses prieres & de combler son ame de l'incōparable felicité qu'apporte la parfaite connoissance des choses plus cachees: ausquelles ne pourroit iamais arriuer la comprehension humaine, sans y estre portee sur tes aelles infatigables. Car sçauroit-on imaginer pour le bonheur de l'homme quelque bien egallable aux deux que tu eslargis à tes fauorits, les rendant asseurez d'vne saine & longue vie, & d'vne abondāce inespuisable de tresors, que rien ne leur peut oster ny seulemēt diminuer, si tost qu'vne fois tu les as fait possesseurs de cette supresme & miraculeuse medecine. De laquelle Nature mesme en sa complainte parle ainsi:

Qui guarit toute maladie,
Et qui l'a iamais ne mandie:
Qui en a vne once & vn seul grain
Toujours est riche & toujours sain:
En fin se meurt la creature
De Dieu contente & de Nature.

Sans lesquelles benedictiōs la vie n'est nullemēt vie, ains vne odieuse lāgueur, cōparable à quelque Mer tumultueuse que plusieurs vents contrairemēt soufflans renuersent flots sur flots, englou-

DESCRIPTION DE L'ESPRIT vniuersel du Monde.

SONNET.

Il est vn Esprit-corps, premier né de Nature,
Tres-commun, tres-caché, tres-vil, tres-precieux:
Conseruant, destruisant, bon, & malicieux:
Commencement & fin de toute creature.

Triple en substance il est, de sel, d'huille, & d'eau pure;
Qui coagule, amasse, & arrouse, és bas lieux
Tout par sec, vnctueux, & moiste, des hauts Cieux
Habile à receuoir toute forme & figure.

Le seul Art, par Nature, à nos yeux le fait voir:
Il recelle en son centre vn infiny pouuoir,
Garny des facultez du Ciel & de la Terre.

Il est Hermaphrodite; & donne accroissement
A tout où il se mesle indifferemment;
A raison que dans soy tous germes il enserre.

QVE LE MONDE EST plein d'Esprit par lequel toutes choses viuent.

SONNET.

Ce grand corps, du grand Dieu creature premiere,
Fut remply d'un Esprit des le commencement,
Vniforme en semences & vif en mouuemēt,
Dont il anime tout, & met tout en lumiere.

De la terre & des Cieux c'est l'ame nourrissiere,
Et de tout ce qui vit en eux pareillement.
En terre il est vapeur, au Ciel feu proprement,
Triple en une substance & premiere matiere.

Car de trois, & en trois, par Nature prouient,
Et retourne tout corps, dōt le baume il contiēt,
Ayant pour geniteurs le Soleil & la Lune.

Par l'air il germe en bas, & recherche le haut:
La terre le nourrit dedans son ventre chaut:
Et des perfections il est cause commune.

COMMENTAIRE OV exposition de la table de Hermes, Trismegiste. Traictant de l'Esprit general du monde.

Le texte de laquelle table est contenu au Sonnet cy dessous.

SONNET.

C'est un point asseuré plein d'admiration,
Que le haut & le bas n'est qu'vne mesme chose:
Pour faire d'vne seule en tout le mõde enclose,
Des effects merveilleux par adaptation.

D'vn seul en a tout fait la meditation,
Et pour parents, matrice, & nourrice, on luy pose
Phœbus, Diane, l'air, & la terre, ou repose
Cette chose en qui gist toute perfection.

Si on la mue en terre elle a sa force entiere:
Separant par grand art, mais facile maniere,
Le subtil de l'espais, & la terre du feu.

De la terre elle monte au Ciel; & puis en terre,
Du Ciel elle descend, Receuant peu à peu,
Les vertus de tous deux qu'en son ventre elle enserre.

SONNETS CONTENANTS les argumens de ce liure.

De l'adaptation des choses Diuines, Naturelles & Artificielles.

SONNET.

Dieu, la Nature, & l'Art, Triade incomparable,
Rauissent tout esprit en l'admiration
Du dessein, du labeur, de la perfection,
Où reluit de tous Trois la puissance incroyable.

Bien qu'en ses hauts proiects Dieu soit inimitable,
Nature en ses progrés suit son intention:
Et puis l'Art qui adiouste à la simple action,
Fait admirer Nature, & se rend admirable.

Qui contemple, & comprend, d'un iugement profond,
Dieu, la Nature, & l'Art, void & sçait comme ils sont
Ordonnãs, produisans, & parfaisãs les choses:

Car Dieu, Nature, & l'Art, d'un Triãgle diuin,
Sont le commencement, le milieu, & la fin,
De tout tenant en eux toutes vertus encloses.

tissãt en fin nostre pauure nef tourmẽtee au plus profõd des tenebreux abismes de mort. Car nous auõs dés le naistre pour ennemis intestins l'escadron des maladies, dõt le nõbre est presque infiny : puis par le dehors le bataillon maudit des incommoditez que l'inhumaine pauureté conduit. Et ces deux aduersaires v[illegible]nt à conspirer cõtre la vie, & pratiquer leurs secrettes intelligences, iugez vn peu quelle deffẽce la pourroit preseruer de leurs assaults. Outre lesquels nuysent encore les desdains & mutations de la fortune, cõtre laquelle l'Esprit humain (couuert des armes inexpugnables & inuincibles de l'auguste Sapience) s'oppose virilemẽt: De quelles loüanges donc sçauroit on assez dignemẽt decorer celuy qui nous a premier reuelé les principes & preceptes de la Philosophie? Mais plustost comment a peu l'Esprit humain penetrer si viuement iusques au cœur du mõde & de la Nature par la recherche de telles merueilles ? Celuy certainement qui premier fut regardé d'vn si bon Astre qu'il sceut comprendre & pratiquer ces hauts & occultes mysteres par vne experiẽce pleine de raisons,

Estoit enfant d'vn Dieu, ou quelque Dieu luy mesme.

A cette occasion la venerable antiquité nous a voulu persuader qu'Apollon fut l'inuenteur & superintẽdant de la medecine. Laquelle il donna en partage à son fils Esculape, cõme chose tres-precieuse, auec deffences tres-estroittes d'en diuulguer le secret à peine d'estre chastié cõme sacrilege & impie. En fin, quiconque gouste, embrasse, & possede ce fruit diuin de la Philosophie, il est comme assis au coupeau d'vne montagne inaccessible, d'où il void les autres occupez à choses basses & puerilles. Tellemẽt qu'il contẽte les yeux de son noble intellect, espendãt leurs regards pardessus les cõceptions des plus renõmez entre le vulgaire. Car les sciences populaires & cõmunes dõnét du vẽtre en terre, & võt simplemẽt rãpãt autour de l'incipide escorce & vaine superficie des choses. Mais la vraye Philosophie, qui est propremẽt la mesme Gimnosophie des Indiẽs, Magie des Ægiptiens, & caballe des Iuifs, penetre iusques au cœur de la moelle, & ne laisse aucune particule de la composition des corps qu'elle n'examine parfaitemẽt. Que si nous la mettons à la balãce cõtre la scolastique, nous trouuerõs plus d'inegalité au poids qu'ẽtre la põce & le plõb: car celle la chemine par les tenebres du doute, tastõnãt auec le bastõ de la seule coniecture. Qui a fait errer les plus expers, & quittãt le vray & plain chemin de la Nature, les a esgarez dans les destours de ce labirinthe, despourueus du filet de nostre belle Ariadne. Ce qui a priué la medecine ordinaire d'operer puissammẽt cõme la spagirique alencõtre des maladies fixes & rebelles, non pource que ses professeurs ne soiẽt grãdemẽt doctes: mais parce que son fondemẽt n'est point assis au cẽtre des choses, ains en la seule superficie. Comme pour exemple, quand ils vsent de la decoction de racines d'Auoyne seiches pour soulager les affligez du Calcul, (à quoy elles sõt veritablemẽt fort propres, ainsi que ie l'ay veu pratiquer au docte Pena) & ne s'auisẽt pas d'extraire de ce simple ce qui luy cause tel effect. Lequel tiré & preparé artistemẽt, pris en petite quãtité, donneroit garison parfaitte au lieu de simple soulagemẽt. D'autant que sans s'amuser au vulgaire axiome qui veut que le cõtraire garisse le cõtraire: la pierre où le Calcul estant endurci dãs les corps par le Sel qui est l'vnique coagulateur, il doit estre curé par le sel des indiuidus que le Ciel a douez

DES FORCES DE CET Esprit vniuersel, tant au limbe de son Cahos, qu'és corps speciaux.

SONNET.

En l'Esprit general contenant la semence
Tant de mort que de vie, il faut considerer
Double force, & le faut doublement admirer
Par suc ou par venin, doubles en leur essence.

Le suc double entretiẽt tous corps par sa presẽce;
Le venin double aussi les fait tous consommer:
Conseruant, destruisant, par sel doux & amer,
D'vne vertu benigne, ou d'aspre vehemence.

Voyla ses facultez auant qu'il soit esclos
De l'immondicité de son limbe & Cahos;
Ayant mesmes effects tiré hors sur la terre.

Mais quand il a receu la separation
Du suc & du venin par preparation,
Lors tout bon, à tous maux, il fait mortelle guerre.

DES SEPARATIONS DE LA ſubſtance pure, d'auec les impuritez accidentelles. Et par quels moyens ſe font telles ſeparations en toutes choſes.

SONNET.

Comme pour l'ornement de la maſſe indigeſte
Nature vſa premier de ſeparation:
Ainſi tout art qui viſe à la perfection,
Doit ſuiure cette reigle & ſentier manifeſte.

La ſubſtance a par tout l'excrement qui l'infecte
Soit par limon terreſtre ou par aduſtion,
Mais l'art par lauement ou calcination,
Vſant d'eau, ou de feu, en bannit cette peſte.

L'induſtrie de l'art peut ſeule ſeparer
Et par nouuelle vie apres regenerer
Tout en tout, de tout vice exemptât l'ame pure.

Qui donc entend bien l'art d'vſer d'eau & de feu,
Sçait les deux vrays ſentiers qui montent peu à peu
Au plus haut des ſecrets de toute la Nature,

DE LA CORPORIFICATION de l'Esprit general en toutes choses: & de la conseruation des vertus celestes & terrestres en iceluy.

SONNET.

Des globes Ætherez pleins de feu vigoureux,
D'vn rouer sans repos l'influence deualle
Sur le corps de la terre, & d'ardeur animalle
Perce de tous costez son grand ventre poreux.

Ce ventre alors s'emplit d'autre feu vapereux,
Sans cesse alimenté d'vne humeur radicalle,
Qui dans ces larges flancs prend corps d'eau mineralle,
Par la concoction de son feu chaleureux.

Cette eau coagulable engendrant toutes choses,
Terre pure deuient, qui en soy tient encloses
Par tresferme vnion les vertus des hauts Cieux.

Et d'autant qu'en effect sont conioints dedans elle
Et la terre, & le Ciel, du beau nom ie l'apelle,
De Ciel terrifié, tresdigne & precieux.

DE LA MONTEE DE CET Esprit general au Ciel, & de sa descente en terre: & de la conformité des deux grands purificateurs, Diuin, & Naturel.

SONNET.

Ce grand Dieu qui à tout donne & garde la vie,
Establit pour remede aux ames & aux corps
Deux purificateurs de tous souillements ords,
Dont la corruption à vice les conuie.

Aux maux de tous les deux il pouruoit & obuie,
Leur ouurant de la terre & du Ciel les tresors:
Tresors tressouuerains contre les durs efforts
Que fait sur l'ame & corps la mort pleine d'enuie.

Ce sont les deux auteurs de restauration;
Ayant de terre & Ciel participation:
Pour aux extremitez moyenner aliance.

C'est pourquoy l'vn & l'autre est du Ciel deuallé
Bas en terre: & au Ciel derechef reuollé:
Pour redescendre en terre auec toute puissance.

de faculté propremẽt efficace & particuliere cõtre ce mal. Alors sera vraimẽt guary le cõtraire par sõ cõtraire, encore que l'õ ait appliqué le sel cõtre vn mal procedãt du Sel, qui sõt deux sẽblables, mais leurs effets sõt diferẽts: car l'huille de Sel dissout toutes pierres que le Sel auoit endurcies : si bien que l'vn force l'autre de luy ceder. Ne plus ne moins qu'il se void experimẽter à ceux qui s'estant bruslez les doigts les s'aprochẽt & tiennẽt le plus pres du feu qu'ils peuuẽt endurer, afin que la plus grãde chaleur dissipãt la moindre, la douleur viẽne à s'apaiser. Tout ce que la paresse des Phisiciẽs vulgaires obiecte cõtre ces remedes nouueaux pour eux, c'est de les nõmer corrosifs, & partãt trespernicieux à prẽdre par dedãs. Ce que ie leur cõcederois facilemẽt s'ils estoient pris seuls & en quantité excessiue. Mais ceux qui les sçauẽt prẽdre & dõner se mocquẽt de tels discours.

SONNET, SVR LA CONCLUSION DE CE LIVRE.

Qui cherche donc l'honneur, la gloire, & l'heur
du monde,
Soit Philosophe, artiste, & il en iouira;
Car la Philosophie en fin le conduira
Au sommet des tresors dont la Nature abõde.
De luy la nuit d'erreur où vainement se fonde
L'aueugle opinion elle dissipera;
Et de la verité le iour esclaircira
La tirant hors du sein de la machine ronde.
Quand Iason eut conquis ce bien tant desiré,
Qui par l'experiment le rendit asseuré
De viure riche & sain plus qu'il n'eust osé
croire:
Desdaignant la misere, & brauant le trespas,
Egal aux demidieux ne possedoit il pas
Du monde vniuersel l'heur, l'honneur, & la
gloire?

FIN.

Fautes à corriger aux Traittez du Sel.

PAge 3. ligne 13. faites vn t au lieu d'vne r à ce mot cette

Pag. 9. lig. 17. mettez sur la fin de ladite ligne est source, au lieu de & source.

Pag. 10. lig. 21. ostez le, qui est à ce mot seule, car il faut seul.

Pag susdite ligne suiuante ostez deux ee de ces mots dite animale. Car il faut dit animal

Pag. 11. lig. 4. apres ce mot plantes, mettez deux points au lieu de la virgule

Pag. 19. lig. 13. faites vne r à ce mot, mer, car il semble que ce soit vn t

Pag. 22. l. 17. effacez que, & mettez en teste Qu'vne

Pag. susdite lig. 20. effacez ce mot est, car il n'y doit pas estre, & faut seulement cet esprit donc (par les philosophes appellé Mercure)

Pag. 26. lig. 20. au lieu de meuees, il faut escrire meuës

Pag. 3[illegible]. lig. 14. au lieu de suprême, il faut sperme.

Pag. 40. lig. premiere, au lieu de Phisique, il faut Chimique

Pag. 50. lig. 14. au lieu de royees, il faut rosees.

Pag. 56. lig. 7. au lieu de Mercuce, il faut Mercure

Pag. 91. lig. 4. il faut respõdray & nõ respõderay

Pag. 93. lig. 14. il faut tout ainsi que fit le corps de la Terre dans le premier lumbe des eaux

Pag. 99. lig. derniere, lisez, apprit les [illegible]

Pag. 108. lig. derniere, lisez ne laissent à le cuire.

Pag. 112. l. 20. lisez le pur de l'impur,

X

Pag. 148. lig. 8. lisez quelques vnes de leurs positiõs
Pag. 151. lig. 13. lisez, il a fallu que par necessité,
Pag. 163. lig. 10. lisez plus igné & subtil,
Pag. 166. l. 13. lisez, par experience que quelque pureté,
Pag. 184. lig. 7. lisez, que cette vapeur imprime en tout
Pag. 196. lig. 10. lisez, & recourir patiemment.
Pag. 210. lig. 11. lisez, la race des hommes quasi esteinte auant
Pag. 213. lig. 16. lisez, mais les premiers, assauoir le Ciel & la Terre
Pag. 217. lig. 7. lisez, les forces particulieres reconnues par
Pag. 220 lig. 16. lisez, les auroit ainsi establies,
Pag. 221 lig. premiere & seconde, lisez, angeliquement esclaircy la diuinité
Pag. 222. lig. 8. ostez l'interrogant qui est apres ce mot edification.
Pag. 250. lig. 10. lisez, à ce corps exanimé.

Fautes suruenuës au Poëme Philosophic.

PAge 21. ligne 21. ostez point, & mettes &, car il faut bien peu d'air & de feu.
Pag. 32. lig. 20. ostez vn e qui est à ce mot encore, parce qu'il faut encor
Pag. 65. lig. derniere, au lieu de maux, escriuez en marge mots.
Pag. 77. lig. 13. au lieu de pourpre cirien, mettez Tirien.

www.ingramcontent.com/pod-product-compliance
Ingram Content Group UK Ltd.
Pitfield, Milton Keynes, MK11 3LW, UK
UKHW020102200726
13856UKWH00002B/342